Es una realización de

**Departamento de Proyectos Especiales
de Cultural Librera Americana S.A.**

Dirección creativa
Carlos Alberto Cuevas

Coordinación de obras y marketing
Ana María Pereira

Departamento de arte
Dirección:
Armando Andrés Rodríguez

Asistente:
Isabel López

Diagramación y diseño
Mariana Paula Duarte
Jaqueline Solange Espinola
Bárbara Montano

Edición y supervisión de esta obra
Daniela Analía Peralta - Federico Docampo

Investigación
Cecilia Fumagalli

Ilustraciones
Paulo Soverón

Fotografías especiales
Martín Linietsky

Guía práctica de Reiki : El poder sanador a través de tus manos / investigación de Cecilia Fumagalli. -- Montevideo, Rep. Oriental del Uruguay : © Latinbooks International S.A., 2006.
88 p. ; il. ; 18 x 25.5 cm.

ISBN 9974-7944-9-8

1. TERAPIAS ALTERNATIVAS. 2. REIKI. 3. PRINCIPIOS DEL REIKI. 4. TRATAMIENTOS, FUNCIONES Y APLICACIONES DEL REIKI. I. Fumagalli, Cecilia, invest.
CDD 615

GUÍA PRÁCTICA DE

REIKI

EL PODER SANADOR
A TRAVÉS DE TUS MANOS

El Reiki es una terapia
energética para equilibrar y
armonizar el cuerpo y la mente.

PRESENTACIÓN

Históricamente cada cultura ha generado su propio bagaje de métodos y prácticas curativas; ha investigado en su entorno más inmediato empleando elementos tan simples como plantas, masajes o ejercicios. Las Terapias Alternativas hunden sus raíces y fundamentos teóricos dentro de estos conocimientos milenarios. Su ideal de salud se relaciona estrechamente con el equilibrio entre el cuerpo, el alma y las fuerzas que rigen el universo.

La medicina occidental frecuentemente olvida la fuerte incidencia que las emociones y los sentimientos tienen en el desarrollo de las enfermedades. Como resultado, muchas veces sus métodos se ven desbordados y no alcanzan a cubrir las necesidades que requiere un proceso curativo.

Por su parte, la Organización Mundial de la Salud ha comenzado a promover investigaciones y congresos en torno a las Terapias Alternativas y a sus distintas posibilidades de empleo, como complemento de los convencionales tratamientos alopáticos. De aquí se desprende una aclaración pertinente: las Terapias Alternativas, en rigor, son aquellas que se emplean en reemplazo de la medicina alopática; en tanto, las Terapias Complementarias son utilizadas conjuntamente con la medicina convencional.

El vertiginoso ritmo de vida actual provoca estrés, ansiedad e incertidumbre. Hoy más que nunca la mejor opción para disfrutar de una vida saludable es el retorno a los antiguos conocimientos que permitieron al ser humano hallar un alivio natural a sus dolencias. Las Terapias Alternativas o Complementarias proponen regresar a las fuentes, restableciendo la armonía interior, elemento fundamental para alcanzar equilibrio y bienestar.

ÍNDICE GENERAL DE LA OBRA

¿QUÉ ES EL REIKI?

ARMONÍA A TRAVÉS DE LA ENERGÍA

El Reiki es un sistema de sanación a través de la armonización de energías corporales y espirituales. En la actualidad, su método tiene tan amplia aceptación en casi todo el mundo que muchos especialistas lo recomiendan como terapia complementaria para tratar algunas afecciones.

El Reiki es una técnica de armonización corporal y espiritual que fue desarrollada en Japón por el monje cristiano Mikao Usui en las primeras décadas del siglo XX.

Para recibir Reiki es necesario estar en reposo.

Se basa en la doctrina de la Energía Vital Universal, la cual presupone la existencia de canales energéticos llamados chakras, localizados en distintos sectores específicos del cuerpo humano. Estos conductos pueden ser estimulados mediante un método de imposición de manos para aliviar afecciones, amplificar capacidades innatas, equilibrar el espíritu o restablecer la salud.

El objetivo fundamental del Reiki es restaurar el equilibrio energético del organismo, así como también armonizar las emociones y el espíritu. Quienes lo adoptan como modo de vida mejoran notablemente su conexión con la realidad y su entorno.

LAS MANOS

Cuando algún órgano padece una dolencia, la energía que circula en el cuerpo sufre alteraciones y sus capacidades curativas se convierten en factores que bloquean y obstruyen esta circulación.

El Reiki es una técnica que facilita la circulación de la energía vital del cuerpo humano.

La palabra Reiki puede traducirse al castellano como "Energía Universal que posibilita el movimiento de todo lo que existe".

La disposición de las manos en ese punto (en una suerte de masaje) hace que esta fuerza vital recupere sus cualidades originales.

Las manos que realizan el masaje pueden ser de la misma persona que padece la dolencia o las de otro que, motivado por la desinteresada intención de ayudar, estimula la energía del sujeto afectado.

ENERGÍA Y MOVIMIENTO

La palabra **Reiki** no tiene una definición exacta. En japonés, **Rei** significa "universo", "saludo", "todo", "tao", y también "inteligencia universal que ordena el funcionamiento del cosmos". **Ki**, en tanto, significa "energía", "fuerza vital", "esencia" o "fuerza de la naturaleza". **Reiki**, entonces, es "Energía Universal que posibilita el movimiento, la permanencia y la transmutación de todo lo que existe".

Muchas de las técnicas de Reiki empleadas actualmente fueron desarrolladas con anterioridad por algunos monjes budistas.

 HISTORIA

El maestro Usui realizó intensos estudios para desarrollar la técnica del Reiki. Comenzó estudiando las antiguas escrituras cristianas, luego los textos chinos sobre medicina y finalmente antiguos manuscritos budistas. En estos últimos pudo revisar algunos métodos de curación utilizados por el propio Buda, que le sirvieron de base para formular muchas de las técnicas actuales.

RITOS E INICIACIONES

Para aprender correctamente la práctica de Reiki es imprescindible seguir algunas pautas. Por un lado, un serio compromiso por parte del maestro en la enseñanza de sus conceptos principales (las iniciaciones, los niveles, los emblemas, las posiciones correctas). Por otro lado, resulta relevante que el nuevo practicante esté dispuesto a emprender un largo proceso, de autoconocimiento y concordancia con su ambiente.

Su principal meta debe ser comprender las enseñanzas a medida que vaya evolucionando en los distintos niveles. Naturalmente, poner en marcha todos estos procesos requiere mucho tiempo y esfuerzo. De ahí la importancia de conocer y explicar las particularidades de esta disciplina para que cada día más personas puedan aprovecharla en toda la gama de sus posibilidades.

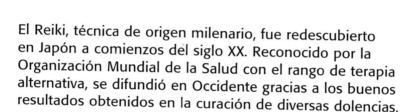

ORÍGENES DE LA DISCIPLINA

HISTORIA Y DESARROLLO

El Reiki, técnica de origen milenario, fue redescubierto en Japón a comienzos del siglo XX. Reconocido por la Organización Mundial de la Salud con el rango de terapia alternativa, se difundió en Occidente gracias a los buenos resultados obtenidos en la curación de diversas dolencias.

Los orígenes del Reiki se remontan a miles de años atrás. En los testimonios antiguos de la historia espiritual de la India existen relatos que narran prácticas y ejercicios muy similares.

Mikao Usui fue el primer maestro de Reiki y el que desarrolló la mayoría de las técnicas actuales.

Se dice que tanto Jesucristo como Sidharta Gautama (Buda) empleaban un sistema de este tipo para realizar diversas curaciones. Por otra parte, algunos métodos de armonización chinos mantienen fuertes lazos con lo que hoy se denomina Reiki. Es el caso de una disciplina llamada Chi Kung (desarrollada alrededor del año 1100 a.C. y que aún se sigue practicando en la actualidad) cuyo fin es estudiar el fluir de la energía en el universo.

Al igual que el Reiki, el Chi Kung postula que todo está formado por energía Ki (que a su vez se divide en Ying y Yang) y que cualquier anomalía tanto en el cuerpo humano como en el mundo se debe a un desequilibrio en el fluir de esta fuerza. La disciplina Reiki, tal como se la conoce en la actualidad, se funda sobre algunos de estos conceptos. Es importante destacar que esta práctica debe su particular difusión al aporte personal que realizaron algunos de sus primeros maestros. Una historia que vale la pena conocer.

Durante el siglo XX, el Reiki desarrolló sus principales técnicas de armonización.

> ### ① IMPORTANTE...
>
> El Qi gong (*qi* = energía, *Gong* = trabajo) forma parte de la medicina tradicional china. Según los principios de esta disciplina, la enfermedad surge de un desequilibrio en el flujo de la energía vital en el hombre. La práctica de ejercicios de Qi Gong aumenta y mejora la cantidad y calidad de esta energía vital y su flujo por el cuerpo. El ejercicio constante de Qi Gong previene enfermedades y fortalece la salud.

EL NACIMIENTO DE LA TÉCNICA

Mikao Usui, redescubridor de la técnica Reiki, estudió diversas disciplinas que le permitieron conocer distintas teorías sobre los métodos de curación.

A comienzos del siglo XX, un hombre de alto nivel espiritual llamado Mikao Usui fue el responsable del redescubrimiento de esta técnica milenaria.

Usui nació el 15 de agosto de 1865 en un pequeño pueblo japonés llamado Taniai, en el distrito de Yamagata, ubicado en la prefectura de Gifu.

Desde muy pequeño y hasta su adolescencia, estudió Kiko (la variante japonesa de Qi Gong, un método curativo basado en ejercicios de meditación, con técnicas de respiración y movimientos lentos) en el templo budista Tendai, que se encontraba sobre el sagrado monte Kurama, al norte de Kyoto.

Sin duda, el estudio de esta disciplina influyó en el pensamiento de Usui y en su posterior desarrollo de la doctrina Reiki.

Usui viajó por Japón, China, Estados Unidos, Europa y el norte de la India. Siempre que le fue posible se adentró en el estudio de diversas materias, entre ellas psicología, medicina, religión y desarrollo espiritual. Esta última la cultivó especialmente junto con otros maestros del grupo Rei Jyutsu Ka, al cual se unió con el objetivo de aprender más sobre el mundo espiritual.

Su alta formación intelectual le permitió trabajar en el Ministerio de Salud de Kyoto, donde estableció una red de contactos con personalidades influyentes del Japón que más tarde le permitirían independizarse y ser un importante hombre de negocios.

El trabajo corporal pausado y metódico ayuda a que la energía circule con mayor vitalidad por el cuerpo.

霊
気

8

Sin embargo, la situación mundial le jugó una mala pasada y cuando estalló la Primera Guerra Mundial (1914) se quedó en la ruina. Fue entonces que decidió emprender un camino espiritual: se convirtió en monje budista y regresó al monte Kurama, donde había estudiado de joven.

Fue allí, en ese monte que luego sería considerado un lugar místico, donde Usui tuvo una revelación que cambiaría su vida y la de miles de personas más.

UNA PREGUNTA

Cuando Mikao Usui era profesor de la Universidad Cristiana de Kyoto (la Universidad Doshisha), un estudiante le preguntó si sabía cuál era el método que utilizaba Jesús para curar. Precisamente, se trataba de una pregunta pendiente en su vida; un enigma que él mismo había tratado de descifrar desde que comenzó a estudiar. Finalmente le contestó al joven que creía en los milagros que Jesús había hecho pero que no sabía cómo los había realizado.

Este interrogante fue el disparador de la mayoría de sus investigaciones. Inspiró, además, el deseo de conocer y estudiar a fondo el cristianismo y sus prácticas de sanación.

Para ello, estudió en las escuelas y bibliotecas cristianas más importantes de los Estados Unidos (sobre todo la universidad de Chicago), pero le fue imposible encontrar allí respuestas para su acuciante duda. Decidió entonces extender sus investigaciones al budismo (hecho que lo hizo

Mikao Usui dedicó gran parte de su vida a difundir los conceptos del Reiki porque quería que fuese accesible a todas las personas.

El budismo es una religión que considera la meditación y la relajación como formas de contacto divino.

permanecer años en antiguos monasterios de Japón y el norte de la India) pues también a Buda se le atribuía el poder de curar a los enfermos.

Finalmente un día, en un pequeño monasterio en Japón, encontró una antigua escritura del Tíbet: eran las enseñanzas orales de Buda, transcriptas por sus discípulos.

Tiempo después y como consecuencia del estudio prolongado de estas escrituras, decidió alejarse a meditar para tratar de entender y asimilar todas las enseñanzas.

Después de 21 días de meditación y reflexión, Usui obtuvo mediante un despertar espiritual el don de curar a las personas.

Así se lo comunicó a los monjes que lo acompañaban en el templo: se iría durante 21 días a un monte cercano. Si al cabo de ese tiempo no regresaba, dejó precisas indicaciones para fueran a recoger su cadáver.

Luego de concisas instrucciones se fue a la montaña y permaneció 21 días meditando. Según el relato que legó a sus discípulos, en el día 21 de marzo de1922 tuvo una revelación: sintió que una poderosa luz espiritual penetraba en su cabeza.

Entró en estado de trance (que en la filosofía zen se llama **satori**) y se le aparecieron burbujas con los colores del arco iris en las cuales estaban los símbolos del Reiki, que no eran otros que aquellos presentes en las escrituras tibetanas largamente estudiadas y aparentemente incomprensibles. Sin embargo, en ese momento se le presentaron con toda claridad.

 ENSEÑANZA

Según la filosofía Zen, el concepto de *satori* se relaciona con la iluminación, es decir, con un momento de realización espiritual. Es el despertar a la verdad que existe más allá de todo dualismo y discriminación. A diferencia del éxtasis o las revelaciones filosóficas, el satori es un renacer espiritual que produce una transformación fundamental de la personalidad y el carácter, así como también una visión totalmente nueva del entorno. En síntesis: significa tomar conciencia de la propia ignorancia, de los errores y de los límites.

Las iluminaciones y revelaciones divinas generalmente se dan como consecuencia de largos períodos de meditación.

Cuando retornó de ese retiro, supo que había sido bendecido con el don de curar. Luego de esa experiencia, Usui se sintió feliz por saber que podría sanar a otras personas ayudándolas a que ellas mismas canalizaran su propia energía.

Al principio, el doctor Usui realizó autoprácticas de Reiki, y luego lo hizo con los miembros de su familia (curó a su esposa que estaba muy enferma de una fuerte artritis). En abril de 1922 fue a Tokyo, donde inauguró la Sociedad para la Curación a través de Reiki Usui (en japonés, **Usui Reiki Ryoho Gakkai**). También estableció una clínica cercana al centro de la capital japonesa, en Harajuku, donde empezó a dictar conferencias y a practicar la técnica.

El movimiento sísmico de 1923 provocó en Japón efectos devastadores: destruyó la ciudad portuaria de Yokohama y las prefecturas vecinas de Chiba, Kanagawa, Shizuoka y Tokio.

EL TERREMOTO DE JAPÓN

En la historia del Reiki hubo un hecho significativo que permitió demostrar el verdadero potencial de la técnica.

Se trató de una catástrofe natural ocurrida en 1923, cuando un fuerte terremoto sacudió la localidad japonesa de Kanto.

Los estudiosos Walter Lübeck, Frank Arjava Petter y William Lee Rand lo relatan en un trabajo que realizaron en conjunto sobre la historia del Reiki:

"Miles de personas quedaron sin techo, muchas otras heridas o enfermas. Casi todos quedaron traumatizados por el acontecimiento. La demanda de Reiki creció entonces notablemente y Usui Sensei y sus alumnos trabajaron día y noche para ayudar en todo lo que fuera posible.

En 1925 el doctor Usui inauguró una clínica mucho más grande en Nakano, Tokio, y continuó sus viajes por todo Japón. Incluso hasta muchos años después del terremoto las personas seguían necesitando energías curativas"[1].

Durante el terremoto de Japón de 1923, Usui realizó tareas de curación y rehabilitación para ayudar a los damnificados.

IMPORTANTE...

Para Usui, el Reiki era una técnica de armonización espiritual y energética, en la que la sanación espiritual ayuda a comprender la pertenencia a un todo o conciencia universal, mientras que la sanación energética se basa en atenuar los síntomas de la mente y las enfermedades que pueden afectar al cuerpo.

---

1. Lee Rand, William: "Reiki en Occidente". En: Lübeck, Walter; Arjava Petter, Frank; Lee Rand, William, *El espíritu de Reiki.* Buenos Aires, Uriel, 2001, pág.19.

Hawayo Takata precursora del Reiki en occidente viajó por los Estados Unidos difundiendo el tratamiento Reiki.

La activa participación de Usui en la lucha para contrarrestar los efectos devastadores de la catástrofe le valieron el reconocimiento del gobierno japonés.

En suma, Usui impartió lecciones y extendió sus saberes a más de dos mil alumnos, y formó a 16 maestros.

Este hecho, tan importante en la difusión del Reiki, es un claro ejemplo del espíritu con que el doctor Usui concibió la técnica. Su objetivo era democratizador: quería que el Reiki fuese accesible a todas las personas en cualquier lugar del mundo. El amor por el prójimo, base fundamental de la técnica, podía contribuir a lograr un mundo mejor.

Pero esa tarea quedó para otros (tal vez como legado) ya que el 9 de marzo de 1926 Usui murió de un infarto. Tenía sesenta y un años.

LA LLEGADA DEL REIKI AL MUNDO OCCIDENTAL

Hay un nombre que fue clave en la difusión de la técnica del Reiki

Hawayo Takata fue una de las principales maestras de la disciplina.

en Occidente: el de Hawayo Takata. Nacida en 1900 en la isla de Hawai, trabajó en las plantaciones de caña de azúcar.

Como consecuencia de la muerte de su marido (cuando sólo tenía treinta años), debió trabajar más duro para mantener a sus dos hijos. Cinco años con ese ritmo de vida fueron suficientes para que su cuerpo dijera "basta" y enfermó de tuberculosis. Al poco tiempo una de sus hermanas murió y ella decidió viajar a Japón en busca de una ayuda para su quebrantada salud.

Así llegó a la clínica de Reiki de Chujiro Hayashi (uno de los discípulos de Usui) donde recibió un extenso tratamiento que se prolongó durante

---

✳ HISTORIA

Después de la muerte de Usui, el Dr. Chijiro Hayashi ocupó su lugar. Dirigió una clínica privada en Tokio hasta el año 1940, donde trataba diversas afecciones mediante aplicaciones constantes de Reiki.

cuatro meses, al cabo de los cuales estuvo curada. Los sorprendentes resultados de esa terapia incentivaron la voluntad de Takata de aprender Reiki. Se sentía plena físicamente y quería conservar ese buen estado cuando regresara a su tierra natal.

Hawayo Takata volvió a Hawai en 1937. Allí, luego de dar conferencias por todo el país, abrió dos clínicas de Reiki: una en las cercanías de Hilo y la otra en Honolulu. En estos lugares realizó tratamientos y formó a varios maestros de Reiki, en total 22.

A propósito de esta situación Lee Rand señala: "todos tuvieron que realizar un juramento sagrado, por el cual enseñarían exactamente lo que habían aprendido con el fin de defender el método Usui. Sin embargo, está claramente documentado que ella misma no lo había hecho. Su línea de transmisión se remitía al doctor Usui, pero lo que ella enseñaba y practicaba tenía poco que ver con lo que el doctor Usui consideraba importante y estaba entremezclado con sus propias reglas. Por esto es más acertado denominar su método como "Reiki Takata"[2].

A pesar de que Takata distorsionó algunos de los conceptos de Usui, el propio Lee Rand señala que la difusión del Reiki en Occidente debe mucho a su esfuerzo:

"A pesar de que ella modificó el Reiki Usui —aclara— lo verdaderamente importante es que su aporte a la difusión de Reiki fue mucho más significativo que los problemas que causó.

 IMPORTANTE...

Algunos investigadores de la historia del Reiki sostienen que Takata no transmitió todas las enseñanzas originales de Mikao Usui a sus discípulos norteamericanos. Quizás esta modificación se debió al hecho de querer adaptar una disciplina de raíz oriental a una mentalidad occidental.

La técnica del Reiki evolucionó gracias a los aportes teóricos de Hayashi y Takata.

Gracias a ella, el Reiki es conocido en todo el mundo y millones de personas pueden aprovechar su fuerza curativa".

Uno de sus rasgos más característicos fue que cobraba altos honorarios por sus clases y conferencias. Eso tuvo un aspecto positivo y otro negativo. Por un lado logró que la técnica adquiriera mayor estatus y respeto en la sociedad, pero al mismo tiempo hizo que se difundiera más lentamente (ya que no todos podían pagar esas sumas tan elevadas).

---

2. Lee Rand, William: op. cit., pág. 20.

Durante la década del 80, la Organización Mundial de la Salud otorgó al Reiki el rango de terapia alternativa.

Respecto de este último punto, cabe hacer una aclaración fundamental: Usui estaba en contra de hacer del Reiki algo elitista. Su ideal era que fuera accesible a la mayor cantidad de gente posible.

Después de que Hawayo Takata murió, en diciembre de 1980, su discípula Iris Ishikura comenzó a cobrar honorarios más bajos y hasta llegó a dar algunas lecciones de manera gratuita. Esta determinación contribuyó a la eclosión del Reiki que se registró a mediados de los años 80. Hacia fines de esa década, ya había en el mundo cientos de maestros de Reiki que enseñaban los preceptos de la técnica a precios muy accesibles. Esto redundó en una rápida y más creciente multiplicación de maestros. Desde entonces, el Reiki es muy conocido en Occidente y tiene el rango de terapia alternativa reconocida por la Organización Mundial de la Salud.

ENSEÑANZA

El método que el *sensei* (maestro en japonés) Mikao Usui enseñaba en sus comienzos, todavía hoy se sigue practicando en Japón en la *Reiki Ryoho Gakkai* (sociedad Reiki japonesa fundada por Usui alrededor del año 1920). Estas técnicas fueron dadas a conocer a fines de 1999 por un reikista japonés llamado Hiroshi Doi, integrante de la *Reiki Ryoho Gakkai*. Sin embargo, no está permitido a cualquier persona formar parte de esta escuela, el contacto casi siempre se debe establecer a través de la presentación de algunos de sus miembros .

ÚLTIMAS CONSIDERACIONES

Si se considera la historia del Reiki tal como fue conocida en Occidente, cabe en un punto hablar de distorsión. Sucede que, al margen de las enseñanzas de Hawayo Takata y de cómo esas enseñanzas fueron alejadas de las de Usui, lo cierto es que entre la Segunda Guerra Mundial –en la que Japón peleó del lado del Eje junto con Alemania e Italia– y mediados de los años 80, a los alumnos occidentales de Reiki se les dijo que ya no existía en Japón ningún practicante de la técnica, y que Takata era la única maestra que existía. La verdad, sin embargo, estaba muy lejos de esta versión. El Reiki japonés nunca dejó de existir, y se sigue practicando en la actualidad.

Todavía en algunos centros religiosos del Japón se mantienen las prácticas que dieron origen al Reiki.

PRINCIPIOS DEL REIKI

LAS PAUTAS BÁSICAS

Los principios del Reiki son cinco y están profundamente relacionados con un estilo de vida sencillo y vital. Respetarlos es fundamental para comprender sus principales conceptos y empezar a conocer las prácticas básicas de esta disciplina.

El Reiki que le fue revelado al doctor Usui en el año 1922 y sustenta su carácter curativo en cuatro particularidades.

La primera es que la capacidad de dar Reiki no es adquirida, es decir, no es el resultado de un proceso. Su origen, más bien, está vinculado a la "sintonización" con la Energía Vital Universal (que es lo que experimentó Usui en el monte Kuruma).
Es, básicamente, una conexión armónica entre los canales de energía que atraviesan el planeta (meridianos universales) y los canales que circulan en el cuerpo humano (meridianos individuales).

La segunda peculiaridad es que cada método de Reiki se inscribe dentro de una corriente (de ahí las derivaciones o diferentes escuelas o interpretaciones de la técnica).

En tercer lugar, la aplicación de Reiki excluye la guía de la razón. La posición de las manos que se utiliza en esta técnica es orientada por una energía superior, es decir, los nudos (o concentraciones de energía atascada) atraen a las manos, que funcionan como un canal de energía que fluye hacia ese sector.

Como cuarta y última característica, puede señalarse que el Reiki no puede provocar daño alguno.

El Reiki pertenece al conjunto de terapias que conciben al cuerpo humano como una unidad.

霊
気

ⓘ IMPORTANTE...

Después de la muerte de Hawayo Takata, el Reiki se dividió en dos ramas principales. Una fue A.I.R.A (*American International Reiki Association*) fundada por Barbara Weber Ray y la *Reiki Alliance* fundada por Phyllis Furumoto, nieta de Takata. Hacia fines del siglo XX, algunos maestros de estas asociaciones se contactaron con miembros de la *Usui Reiki Ryoho Gakkai* (una de las principales asociaciones japonesas de Reiki) volviendo a descubrir las técnicas y enseñanzas desarrolladas por Usui.

• En tanto trabaja para evitar los vicios y estimular lo creativo de las personas, puede *restablecer el equilibrio espiritual.*

• Al beneficiar funciones del cerebro, ordenar trastornos de sueño y aliviar depresiones y dolores de cabeza, permite *restablecer el equilibrio en el flujo de energía*, que a su vez mejora la memoria y la capacidad de concentración.

¿EN QUÉ CONSISTE LA PRÁCTICA DEL REIKI?

En la canalización de energía universal o espiritual para armonizar el cuerpo, la mente y el espíritu, de manera que la persona se sienta sana y equilibrada.

Lograr un sólido equilibrio entre la mente y el cuerpo es uno de los principios básicos del Reiki.

Dicho todo lo anterior, y teniendo en cuenta los pilares básicos de la técnica, el método Reiki sirve para restablecer el equilibrio en distintas esferas del cuerpo y la mente:

• Al permitir mejorías respecto del tratamiento de la angustia, fobias y obsesiones, puede *restablecer el equilibrio emocional.*

• Al aliviar la somatización de males que generalmente se expresan en contracturas, úlceras o alergias, contribuye a *restablecer el equilibrio nervioso*.

• En tanto habilita un ordenamiento en la nutrición, ayuda a *restablecer el equilibrio de la energía hacia el metabolismo.*

Cuando se logra armonizar las energías vitales se potencia la relación con el entorno.

La aplicación de la técnica puede ser específica, para dolencias concretas, o general, para provocar una sensación de armonía en la persona. El Reiki puede autoaplicarse o ser aplicado a otras personas. En potencia, cualquier ser humano puede practicar Reiki. Para ello debe iniciarse siguiendo los distintos niveles de la técnica.

Otra importante característica del método Reiki es que no tiene ninguna vinculación específica ni determinante con ninguna religión particular. Se trata de un sistema practicado por muchos cultos (desde el cristiano y el musulmán hasta el budista) e incluso por ateos.

El Reiki es una técnica práctica que sirve para sanar o aliviar dolencias físicas y espirituales. Es, ante todo, un modo de vivir y comprender la vida.

LOS CINCO PRINCIPIOS REIKI

Los cinco principios que orientan el Reiki formaban parte de la sociedad japonesa, como guía ética y moral, durante la dinastía Meiji, que se extendió entre 1868 y 1912. Esa dinastía constituyó un punto fundamental de la vida política japonesa, que desde el siglo XII, cuando los cortesanos feudales de Kyoto perdieron el poder a manos de dos clanes de guerreros samuráis, se encontraba bajo dictaduras.

La reunificación de Japón fue un largo proceso entre los siglos XVI y XIX que continuó hasta la entrada de ese país a la modernidad.

Las tradiciones de la sociedad japonesa durante el reinado de la dinastía Meiji influyeron notablemente en los principios del Reiki.

Los samuráis japoneses poseían un estricto código ético establecido sobre las bases del respeto y la tolerancia.

En 1868, cuando el emperador Tennö Mutsuhito Meiji accedió al poder y practicó una política de despotismo ilustrado, finalizó definitivamente la época de los samuráis.

Era un tiempo signado por la Revolución Industrial, que en Japón chocó con el peso de la tradición y los intereses de monopolios capitalistas. La dinastía Meiji dio inicio a un nuevo sistema de gobierno regido por un emperador.
El nuevo gobierno fomentó la modernización, adoptó políticas sociales y económicas occidentales y estimuló la actividad industrial.

Los cinco principios Reiki proponen una filosofía de vida basada en la fórmula "sólo por hoy".

El pueblo japonés comenzó a participar –aunque limitadamente– en algunos de los asuntos políticos. Los cinco principios Reiki fueron, en ese contexto, una guía moral de esa sociedad en crecimiento. Estos fundamentos, todos antecedidos por la fórmula **"sólo por hoy"**, son:

1. No te enojes.
2. No te preocupes.
3. Agradece.
4. Trabaja duro.
5. Sé amable con los demás.

Sólo por hoy… no te enojes.
La ira, el enojo, la agresividad y las emociones destructivas en general son sentimientos frente a los cuales las personas se debaten todos los días.

La consideración y puesta en práctica de este principio tiene que ver con la necesidad de comprender que la violencia no es una opción deseable.

La ira o el enojo altera de manera considerable el flujo natural de energía que circula por el cuerpo.

> ### ⓘ IMPORTANTE...
>
> Uno de los grandes músicos del siglo XX, **John Lennon**, fue un pacifista y un amante de la cultura oriental. En una de sus canciones decía: *"Life is what happens while you're bussy making other plans"* (la vida es aquello que pasa mientras estás ocupado haciendo otros planes). Lo que expresa esta máxima es la necesidad de enfocar la energía vital en las cosas que importan, y no desperdiciarla en preocupaciones banales.

Hay muchas otras maneras de solucionar los problemas.
Para aprender de este principio Reiki, resulta imprescindible tomarse unos minutos, respirar profundamente y buscar la tranquilidad interior necesaria para encontrar la mejor solución al problema planteado. Al mejorar sus respuestas frente a situaciones violentas o complicadas, las personas enseñan a los demás con su ejemplo, contribuyendo a mejorar su entorno.

Sólo por hoy… no te preocupes.
Este principio Reiki propone transitar la vida sin preocupación, aunque en un sentido sumamente responsable.

La base de esta responsabilidad reside en la distinción entre *"preocuparse"* y *"ocuparse"*. Esta premisa sostiene la necesidad de ocuparse de las cosas, de poner la energía, el pensamiento y la acción en la medida justa y necesaria que requiera el logro de un objetivo. Preocuparse, desde este punto de vista, puede llevar a una pérdida de tiempo innecesaria.

❋ ENSEÑANZA

En castellano, la palabra **"humanidad"** significa, además de **"conjunto de todos los hombres"** y **"género humano"**, **"compasión de las desgracias de los demás"** y **"calidad humana"**[3].

Sólo por hoy… agradece.

La gratitud es un don que todos los seres humanos pueden desarrollar, aunque en la práctica pocos lo hacen. Trabajar sobre el agradecimiento sincero reduce las expresiones egoístas del Yo y hace recordar a las personas que todos vienen al mundo y se van de él en igualdad de condiciones. Ser agradecido implica saber ponerse en el lugar del otro. Sólo mediante el agradecimiento la humanidad puede progresar como conjunto.

Sólo por hoy… sé amable con los demás.

En la tradición japonesa es costumbre honrar a los maestros, a los padres y a los antepasados. Si este hábito se traduce a la vida cotidiana, la clave de esa operación es la amabilidad, el respeto por el prójimo. Todos tenemos algo que enseñar a los demás.

Según la tradición del Reiki, agradecer ayuda a que las personas se comuniquen con fluidez.

Sólo por hoy… trabaja duro.

Trabajar duro y de forma honrada significa brindar lo mejor de uno, en tanto profesional y en tanto ser humano. Se debe poseer una clara conciencia acerca del valor del trabajo propio, que se traduce para la sociedad en un bien o un servicio. Se trata de una relación dialéctica: la sociedad necesita que sus integrantes realicen el mejor y más esmerado de sus trabajos para poder brindar un producto o servicio de excelentes cualidades. Y, a su vez, ese trabajo será retribuido proporcionalmente con su grado de excelencia. Trabajar duro implica contribuir a un mejor funcionamiento de la vida en comunidad.

La apertura de los canales de energía o chakras permite aumentar la captación de Energía Vital Universal.

3. **Diccionario básico de la lengua española**, Bogotá, Grupo EditorialNorma,1996, pág. 412.

ENSEÑANZA

Se recomienda que en el primer nivel de Reiki, las sesiones sean fundamentalmente autoterapéuticas. Sin embargo, el maestro también puede sugerir que se realice la curación de una persona físicamente presente en el lugar.

LOS NIVELES REIKI. ALINEAMIENTOS

A medida que se avanza en los niveles de Reiki, se genera un compromiso mayor con la práctica.

En el sistema Reiki, la persona recibe los alineamientos o niveles Reiki destinados a abrir paulatinamente los canales de energía.

Las obstrucciones energéticas son despejadas por efecto de esta estimulación. Así, no sólo aumenta su captación de energía vital (lo que repercute en un mejoramiento de su propio estado) sino que también participa activamente de la fuente de todo "Ki" universal.

Cuando se alinean los canales de energía "Ki", el cuerpo experimenta una notoria mejoría de sus funciones.

Si bien todos los seres vivientes tienen "Ki", los alineamientos Reiki conectan directamente a quien los recibe con esa fuente inagotable de energía vital.

El primer nivel de Reiki o alineamiento implica la conversión de la persona receptora en un canal de esta energía curativa. Es, por tanto, el nivel que reúne a la persona en comunión con la Energía Vital Universal.

Al ponerse en contacto con esa fuente infinita de "Ki", el individuo aumenta su energía, y adquiere curación y el poder de sanar a otras personas sin agotar sus propias reservas de energía (en pocas palabras, lo que experimentó Usui Sensei en el monte Kuruma en 1922).

En los minutos que dura este proceso, la persona que recibe Reiki se hace beneficiaria de un regalo que va a cambiar su vida en un sentido positivo. Este primer nivel, en realidad, no aporta nada nuevo; simplemente abre y sintoniza lo que ya estaba presente de modo latente en la persona.

Todo el proceso de contacto con esa fuente inagotable de energía universal se divide en tres niveles. En el primero de ellos, el alineamiento sana los malestares físicos de la persona que lo recibe. En este nivel se opera sobre malestares físicos, y fundamentalmente en forma de autotratamiento (si bien también es posible curar a otra persona). Es lo que se llama "sanación directa": el sanador debe colocar las manos directamente sobre la persona a tratar o sobre sí mismo (en el caso del autotratamiento).

En el segundo nivel de Reiki —que implica entrar en un plano de comunicación con el idioma del universo, a través de símbolos—, la capacidad de energía curativa aumenta considerablemente, y se dirige de manera más específica a los aspectos emocionales y mentales de la curación en la persona que recibe el tratamiento. La curación en este nivel añade instrumentos (como los símbolos) para sanar a personas que no están físicamente presentes: se trata de la curación a distancia.

En Reiki II el aprendiz recibe tres símbolos Reiki, uno de los cuales se utiliza para sanar a distancia. Usando una fotografía de la persona a la que quiere enviarle Energía Vital Universal o escribiendo el nombre de esa persona en un papel, o simplemente pensando en ella, y al mismo tiempo activando el símbolo de la distancia,

Las dos características más importantes del segundo nivel de Reiki son el aprendizaje y la sanación a distancia.

En el segundo nivel de Reiki se aprende a sanar las emociones, la mente y el cuerpo.

IMPORTANTE...

Si se decide estudiar los métodos de sanación mediante Reiki, es necesario elegir un buen maestro. Como primera medida resulta conveniente saber que cada uno tiene su estilo, método, personalidad y que lo importante de todo eso es el impacto que provoca en las personas que estudian con él. La intuición es, sin duda, un factor relevante para decidir. Existen varias escuelas de Reiki, algunas de las cuales proclaman ser las únicas que enseñan el sistema original. Un docente que desprecie o

desvalorice a los otros docentes y escuelas no suele ser una persona recomendable. Técnicamente no interesa con quién aprender. Lo que importa es que el maestro transmita confianza y buenas intenciones.

La práctica del Reiki a distancia suele utilizarse cuando por diversas razones es imposible que el paciente se encuentre con su terapeuta.

el aprendiz puede enviarle energía Reiki a quien quiera. No importa dónde se encuentre la persona que recibe la energía, pueden ser cientos de kilómetros de distancia; la energía Reiki llegará a la persona elegida y la tratará.

En el tercer nivel de Reiki se aprende a usar la meditación para el trabajo espiritual.

 IMPORTANTE...

Acceder al tercer nivel de Reiki no implica necesariamente ser maestro en la disciplina. Quiere decir simplemente que se está preparado para transmitir lo recibido de un modo en que se beneficie el mayor número de personas. Optar por este papel no significa en absoluto que se tenga algo en particular que dar a los demás o que se sea superior o mejor.

Con este mismo método también es posible enviar Reiki hacia líderes mundiales o personas con roles influyentes en una situación de crisis social, confiando en la ayuda de la Energía Vital Universal.

El tercer nivel de Reiki –que implica el acceso a una conexión directa con la fuente de Energía Vital Universal– es el grado de Sensei Maestro, que consta de dos etapas: la primera es la de "maestro practicante", el cual recibe los símbolos de este tercer nivel pero no realiza alineamientos a otras personas. El rasgo distintivo de la segunda etapa, cuando el aprendiz es promovido a Sensei, implica que la persona ha llegado a dominar un sistema y está capacitada para legarlo a otros mediante enseñanzas.

Otra característica fundamental del terapeuta que atravesó el tercer nivel es la experimentación de una mayor capacidad de canalizar la energía.

Los niveles se corresponden con los tres planos de la existencia: *el cuerpo, la mente y la conciencia*.
Su objetivo primordial es ofrecer una experiencia gradual, que pueda recibir y practicar cada persona de acuerdo con su evolución.

LA DIVISIÓN DE NIVELES

La división en niveles del sistema de Reiki responde a la necesidad de sistematizar su estudio. Las canalizaciones se realizan a través del maestro (o sensei), que habilita el contacto con la Energía Vital Universal. La enseñanza de la técnica es algo que requiere de tiempo y dedicación, al igual que su aprendizaje. Sólo por dar un ejemplo, a lo largo de toda su vida el Sensei Usui formó solamente a 16 maestros de Reiki.

Cada nivel tiene un procedimiento propio, mediante el cual se abren, alinean y sintonizan los chakras, a través de los símbolos Reiki y también de los canales de energía, sobre

 ENSEÑANZA

El término "nivel" evoca inmediatamente la idea de una jerarquía, de clasificación de esquema. Por el contrario, este concepto indica simplemente que la transmisión del Reiki se hace en tres etapas correspondientes a los tres planos en los que se desarrolla la existencia humana: el corporal, el mental, y el de la conciencia.

La persona que recibe un tratamiento de Reiki debe estar dispuesta a ser sanada y a confiar en aquella que actúa como canal de transmisión de energía.

todo los de la columna, el corazón y los centros de las manos. Existen dos premisas fundamentales, propias de cualquier canalización o tratamiento. En primer lugar, es preciso que la persona quiera ser canal de Reiki o someterse a un tratamiento con esa técnica.

La segunda premisa descansa en el supuesto de que en el universo cualquier acción tiene una contraprestación que la equilibra. Es decir que para que los beneficios de la transmisión del Reiki sean valorizados por quien los recibe, siempre debe existir una contraprestación (lo que el doctor Usui llamaba *Jita Kyoei*) referida al bienestar y beneficio mutuo que el alumno puede traducir en términos de gratitud hacia su maestro.

Es importante en este punto destacar que Usui siempre apuntó a que el Reiki fuera una técnica accesible a la mayor cantidad posible de personas. Por eso, cobraba honorarios realmente bajos por sus sesiones.

Para meditar es importante ubicarse en un lugar tranquilo y cómodo.

EL SIGNO DE REIKI

El signo de Reiki está constituido por distintas capas de información.

La historia de la escritura en el Japón es tan rica y extensa como milenaria. Tuvo fuertes cambios durante toda su evolución gracias a la constante influencia de sus pueblos vecinos (sobre todo China y Corea) que aportaron la mayoría de los símbolos. Es por esta razón que cuando se quiere precisar y sobre todo explicar alguno de sus conceptos, se hace imprescindible aclarar ciertos puntos clave que la definen como práctica.

Gran parte de la escritura japonesa está basada en ideogramas que son representaciones gráficas (y no sólo simbólicas, como nuestro alfabeto) de una idea. Los pequeños trazos caligráficos que componen un ideograma bien pueden ser la representación directa de un objeto (por ejemplo un árbol en la palabra "árbol" o un ave en la palabra "pájaro") o bien pueden ser la representación indirecta (metafórica) de una idea: es el caso de la palabra "reunión", que se forma por la unión de los dibujos para "árbol" y "pájaro".

La variante moderna del signo Reiki es producto de una reforma ortográfica.

La variante antigua del ideograma de la palabra Reiki es rica en significados, y permite lecturas más profundas.

A partir de estas definiciones, existe dentro de la historia del Reiki, un ideograma central que figura en casi cualquier documento vinculado con esta disciplina, y que describe con exactitud tanto el significado de la técnica, como sus efectos, orígenes y efectividad: el signo escrito de Reiki.

Este símbolo está conformado por distintos niveles de información que, abordados en conjunto, aportan y amplían variadas e interesantes explicaciones sobre la filosofía del método. La idea gráfica Reiki tiene dos representaciones: una antigua (aunque no se cree que sea la más antigua) y otra más moderna (producto de una reforma ortográfica).

Las caligrafías china y japonesa requieren para su desarrollo constancia y esfuerzo.

Si bien ambas expresan correctamente la idea de "Reiki", para el rastreo de información sobre la técnica la variante antigua del signo es mucho más rica y permite realizar lecturas más profundas.

LA CALIGRAFÍA DEL KI

El ideograma que expresa la idea de "Reiki" puede descomponerse en ideogramas más sencillos, según se consideren los símbolos "Rei" y "Ki". Aquí nos basamos en el trabajo del estudioso Walter Lübeck, especialista en simbología Reiki. Según su análisis[4], "Ki" se utiliza actualmente en Japón en centenares de palabras combinadas. Entre otras cosas, significa "espíritu",

"alma", "corazón", "sentimiento". La figura 3 demuestra esta idea. En su forma más originaria y antigua, la parte superior del símbolo, sin la cruz oblicua, significa "nubes" (agua que ha subido al cielo, transformada en su esencia).

Otro nivel de significado que se vincula con la figura 4 refiere a "rezar" y "mendigar". Luego se agregó el signo de "arroz" (figura 5), que expresaba el carácter de nutriente que "Ki" implicaba para el cuerpo, el espíritu y el alma, en tanto que la figura 6 representa una versión muy antigua del signo "Ki" escrito.

El paso siguiente en la interpretación del signo de Reiki consiste en vincular "Ki" con "Rei".

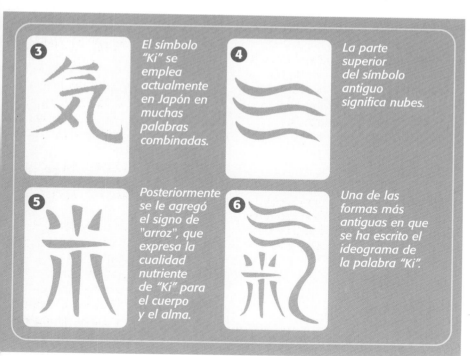

3 El símbolo "Ki" se emplea actualmente en Japón en muchas palabras combinadas.

4 La parte superior del símbolo antiguo significa nubes.

5 Posteriormente se le agregó el signo de "arroz", que expresa la cualidad nutriente de "Ki" para el cuerpo y el alma.

6 Una de las formas más antiguas en que se ha escrito el ideograma de la palabra "Ki".

El Reiki ofrece una terapia integral a la persona, obteniendo claras mejoras en el tratamiento de la angustia, las obsesiones y las conductas fóbicas.

4. Lübeck, Walter; Arjva Petter, Frank; Lee Rand, William: **El espíritu del Reiki: un manual completo sobre el sistema Reiki del Dr. Usui.** Buenos Aires, Uriel, 2001.

La antigua representación del signo Rei se subdivide a su vez en tres: lluvia, boca abierta y hechicero.

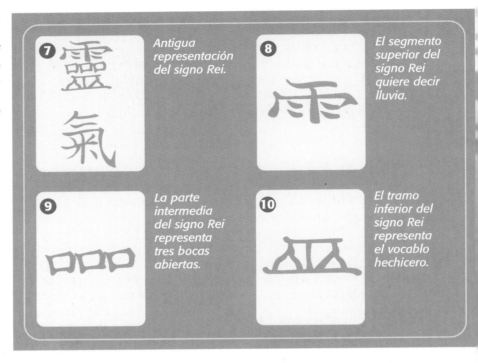

7 Antigua representación del signo Rei.

8 El segmento superior del signo Rei quiere decir lluvia.

9 La parte intermedia del signo Rei representa tres bocas abiertas.

10 El tramo inferior del signo Rei representa el vocablo hechicero.

Según una de sus formas más antiguas, el símbolo "Rei" se escribe como muestra la figura 7. En una traducción literal, significa "espíritu no marcado por su cualidad" y también "espiritual". Teniendo en cuenta estos significados, puede traducirse como "sentido oculto".

La parte superior del símbolo quiere decir "lluvia" (figura 8), la parte media representa tres bocas abiertas (figura 9) y el tramo inferior significa "brujo" o "chamán", vocablo que en los pueblos siberianos del Asia central significa "hechicero". De acuerdo con la interpretación de Lübeck, la conjunción de estos símbolos puede entenderse como: "El chamán orienta las tres partes fundamentales de su ser –cuerpo (Niño Interior),

mente (Yo medio / racional 'consciente') y espíritu (Yo superior)– con sus deseos hacia un objetivo común: la lluvia".

Las formas antiguas de la escritura del signo Reiki todavía se cultivan en algunos templos del Japón.

26

ELEMENTOS DE LA DISCIPLINA

LAS ENERGÍAS VITALES

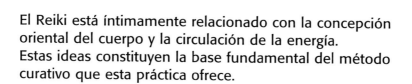

El Reiki está íntimamente relacionado con la concepción oriental del cuerpo y la circulación de la energía. Estas ideas constituyen la base fundamental del método curativo que esta práctica ofrece.

El concepto de Energía Universal ha cosechado numerosos y diferentes nombres en las distintas civilizaciones que han decidido desarrollarlo. Por ejemplo, la cultura china lo llama *chi*, la India *prana* y *energía bioplásmica* la Rusa. Es decir, cada civilización nombró y organizó el estudio de esta fuerza de manera particular. Sin embargo (y a pesar de algunas diferencias y concepciones) todas coinciden en señalar que esta energía se mueve y circula por diferentes canales a lo largo de todos los cuerpos.

En Japón existe una clasificación de energías vitales que resulta muy útil para comprender mejor el significado del Reiki en tanto energía vital. Esta teoría plantea que "Ki" circula en el cuerpo humano en distintos recorridos que se superponen uno sobre otro como si fuesen capas o estratos. Estos circuitos se denominan: *Kekki, Shioki, Mizuki, Kuki, Denki, Jiki* y *Reiki.*
Según este esquema, la primera forma energética (Kekki) es la que posee mayor fuerza, pero su capacidad de dirección es baja.

En cambio, Reiki, la forma energética que aparece en séptimo lugar posee una mayor capacidad de organización de los flujos de energía en el espíritu y el cuerpo, sin embargo casi no puede producir un efecto directo por sí sola, es decir que depende del desarrollo y la proyección de otras formas energéticas. De esta manera, las siete energías vitales constituyen un sistema integrado.

Reiki es la capa o estrato energético de Ki que aparece en el séptimo lugar, según la clasificación de las energías vitales que se realiza en Japón.

Cuando la energía circula adecuadamente por el cuerpo se experimenta una sensación de armonía y paz interior.

靈
気

La energía Shioki representa las posibilidades de realización y los límites de una persona.

 IMPORTANTE...

Existen numerosos sistemas creados para definir el campo aural. Todos ellos coinciden en dividirlo por las posiciones y formas que adopta alrededor del cuerpo (color, brillantez, forma, densidad, fluidez) y la función que cumple.

LOS CANALES ENERGÉTICOS

1. Kekki: es la forma de "Ki" que nutre a todo ser vivo. Kekki significa "Ki de la sangre" y se encuentra íntimamente relacionada con el primer chakra, ubicado en la parte final del coxis.

Es considerada la calidad energética más rudimentaria y la menos estructurada de las que circulan en el cuerpo. Por esta razón es fácilmente utilizable por fuerzas más organizadas para nutrir una determinada estructura. En tanto fuerza vital, Kekki debe poder acumularse y estar en función de la alimentación.

2. Shioki: es la forma de "Ki" que se manifiesta en la capacidad de permanecer para seguir existiendo. Puede traducirse como "Ki de la sal" o "Ki de los minerales". Representa la constitución de una persona, sus potencialidades para la autorrealización y también sus límites. Al igual que Kekki, Shioki está en estrecha relación con el primer chakra.

3. Mizuki: es la forma de "Ki" que habilita el funcionamiento de las relaciones comunicativas. Significa "Ki del agua" o "Ki de los líquidos", por eso es considerada la energía de las relaciones. A su vez, genera los sentimientos básicos de la confianza, el deseo, la capacidad de entrega y representa la fuente energética de todas las emociones. Por lo tanto, tiene a su cargo el erotismo, la sexualidad y el cariño. Mizuki se relaciona con el segundo chakra, ubicado entre el abdomen y la pelvis.

4. Kuki: es la forma "Ki de los gases o el aire" se relaciona con la autorrealización y la conciencia de uno mismo. Esta calidad energética está vinculada con el tercer chakra, ubicado por debajo del esternón. Entre otras cosas, Kuki se ocupa de la capacidad de generar pensamientos lógicos y de la descomposición del alimento.

Transmite las ansias de transitar por el camino propio y obtener experiencias personales. Kuki también se ocupa de no dejarse desviar del curso correcto de las cosas por influencia de terceros.

5. Denki: es la forma de "Ki" que aporta una orientación cuidadosa a los deseos propios y al impulso de crecer. Se puede traducir como "Ki del trueno". Tiene que ver con el crecimiento como acto desinteresado, no a costo del beneficio individual o del beneficio de otros, es decir, no por un acto egoísta. Denki genera sentimientos como el amor, la compasión, la tolerancia y la confianza espiritual. Se corresponde con el cuarto chakra, situado en el centro del corazón.

6. Jiki: es la forma de "Ki" que ayuda a las personas a encontrar un complemento de su ser. Significa "energía magnética o acumulativa" y representa la energía de la estética, el arte y la belleza. Generalmente, este especial campo magnético está a disposición del ser humano en los casos en que éste procura uniones permanentes y responsables.

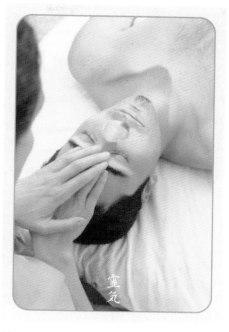

Jiki es la forma de energía Ki que ayuda a las personas a encontrar un complemento para su ser.

El tratamiento de los chakras influye de forma directa sobre los canales energéticos.

Genera carisma y ayuda a consolidar la voluntad para realizar proyectos. Para que esta energía actúe conjuntamente con otras, se debe poseer capacidad de dirección, a fin de lograr un equilibrio estable de los flujos en el conjunto del sistema.

7. Reiki: organiza la utilización de las energías vitales en un sentido integral. Puede traducirse como "energía del alma" o "energía espiritual", y es la calidad energética más próxima a la fuerza creadora. Regula las tres personalidades arquetípicas parciales del ser humano (el Niño Interior, el Yo medio y el Yo superior) y las integra en un sistema. Reiki se relaciona con el sexto chakra, situado en el entrecejo.

 ENSEÑANZA

Uno de los métodos más utilizados para realizar diagnósticos sobre el chakra consiste en el uso del péndulo. Este artilugio ayuda a aumentar la sensibilidad hacia el flujo energético dañado, ya que actúa como un poderoso amplificador.

El Reiki ayuda a que la energía que circula por los chakras pueda fluir de forma correcta.

El aura es un campo energético que se extiende a lo largo de todo el cuerpo y lo protege de agentes externos.

LA CIRCULACIÓN DE LA ENERGÍA

El cuerpo humano tiene distintos canales de energía, ubicados en puntos estratégicos llamados **chakras** (en sánscrito, "rueda", "círculo", "movimiento"). Se trata de centros corporales que conectan la energía interna con las distintas capas vitales del aura para que la energía pueda fluir sin problemas.

Gracias a esta disposición de los chakras, el practicante de Reiki actúa como canal movilizando la energía hacia la persona que recibe el tratamiento. Para potenciar el discurrir de la energía por el cuerpo (y también para que el cuerpo pueda llegar a

convertirse en canal), es preciso recurrir a un terapeuta de Reiki. Él será el encargado de abrir los chakras mediante un proceso de apertura denominado "iniciación", que elimina cualquier bloqueo que impida el flujo natural de la energía.

Mediante la imposición de manos o la sanación a distancia, el terapeuta introduce en el cuerpo el flujo de energía necesario para restablecer las fuerzas naturales de la persona y devolverle la salud y el bienestar.

Luego de la iniciación, la persona está en condiciones de tratarse a sí misma y a los demás. Esta doble posibilidad es una característica distintiva del Reiki en tanto técnica terapéutica.

EL AURA

Para comprender la energía del cuerpo, es imprescindible explicar el concepto de "aura". Se trata de un campo energético (de débil consistencia material) que se extiende a lo largo de todo el cuerpo y lo penetra.

 ENSEÑANZA

La palabra "aura" proviene del griego y significa soplo. Dentro de la disciplina Reiki, este concepto se utiliza para definir la energía que cada persona tiene alrededor de su cuerpo. El color del aura puede cambiar dependiendo del humor y la personalidad.

IMPORTANTE...

Muchos investigadores consideran al aura como el eslabón perdido entre la biología, la medicina física y la psicología. Es el lugar donde se localizan todas las pautas sobre emociones, pensamientos, recuerdos y comportamientos. Estas pautas no están simplemente suspendidas en algún lugar de la imaginación, sino que se sitúan en el tiempo y el espacio. Los pensamientos y las emociones se desplazan entre las personas en el tiempo y el espacio a través del campo energético humano, generando así un cordón de protección que cubre todo el espectro corporal.

El aura posee varias capas o niveles que se superponen.

Algunos especialistas sostienen que el aura tiene la misma materialidad que la conciencia.

La disciplina Reiki cree que el origen de las enfermedades se encuentra en el aura. Ese es el primer lugar en donde los males —físicos o espirituales— nos afectan, a veces en forma de karma que se arrastra de una vida pasada, o bien de energía negativa surgida en esta vida y acumulada en algún rincón de la mente. Se supone que estos puntos negativos pueden llegar a germinar y a extenderse hacia los chakras y convertirse en enfermedad si no se los trata. Por eso, es correcto afirmar que la génesis de los males debe ser rastreada en el aura.

El aura, como una cebolla, tiene varias capas (o niveles de vibración) que se superponen, cada una de las cuales se corresponde con distintas formas de la conciencia.

En otras palabras, cada capa del aura es afín a un chakra determinado y tiene su misma energía y vibraciones. Esta correspondencia corre de adentro hacia fuera, de modo que la capa más interna del aura —la más cercana a la piel en tanto límite externo del cuerpo— se conecta con el chakra de raíz.

El aura protege al cuerpo y a su vez lo relaciona con su entorno.

Los siete chakras principales comienzan al final de la columna vertebral y terminan en la cabeza.

Cuando una persona está tranquila y en armonía con su entorno, su campo aural se fortalece.

Por eso es que este nivel interno del aura se vincula con la salud corporal y el ánimo. La capa más externa del aura, la número siete, tiene una extensión promedio de entre 1,20 metros a un metro y medio. Está probado que, cuando una persona se siente mal, física o mentalmente, su aura se reduce; y cuando se siente plena, se extiende. Por eso es que se puede afirmar sin temor a equivocarse que el aura es el estado de conciencia de las personas.

LOS CHAKRAS

El cuerpo humano posee 72 puntos de concentración de energía, siete de los cuales son considerados los más importantes, ya que es en ellos donde la fuerza universal se multiplica.

Entre estos últimos se encuentran los chakras de las manos (que se utilizan en Reiki) y los de los pies, como así también los puntos de acupuntura. En el sistema de Reiki Usui, las manos se dirigen por los siete puntos vitales como por un mapa que guía el movimiento.

Suele suceder que en los chakras se estanca energía negativa y, como consecuencia, se producen bloqueos. Cuando se detectan situaciones de este tipo, es preciso actuar con rapidez sobre ellos para producir la curación de esos males.

Sabemos que estos centros están vinculados con la energía y que son lugares localizables en el cuerpo físico de las personas; sin embargo, todavía la ciencia occidental no ha podido identificarlos con precisión. Tal vez la metáfora que mejor los describa sea aquella que los señala como puntos de unión entre el cuerpo y el espíritu.

Los siete chakras principales comienzan al final de la columna vertebral (chakra raíz) y terminan en el chakra de la coronilla, ubicado sobre la cabeza. El modo de ser de la energía que atraviesa cada uno de estos puntos se manifiesta de manera ascendente y en ese mismo sentido se va complejizando. Por ejemplo, el chakra raíz tiene un tipo de energía muy básico, mientras que la energía presente en el chakra de la coronilla es completamente sutil.

Existen diferentes teorías sobre cuál es la función específica de los chakras, sin embargo se cree que su principal aporte consiste en formar sistemas de conciencia que actúan en el cuerpo y se relacionan con la existencia humana. Cada uno de los chakras se encuentra en conexión directa con un canal de energía situado en la columna vertebral. Desde allí, se abastece de vitalidad a todo el sistema de energía que posee el cuerpo. Los siete chakras principales son:

1. Chakra raíz (Muladhara)

El chakra de raíz representa la manifestación de la conciencia individual en la forma humana. Se encuentra ubicado en la base de la columna vertebral, entre los órganos genitales y el ano. Implica a las glándulas suprarrenales, su elemento es la tierra y su color es el rojo. Favorece la voluntad de vivir y otorga vitalidad. Su energía está vinculada con las necesidades básicas, como alimentarse y tener un refugio.

La estimulación del chakra raíz ayuda a mejorar la relación con el ambiente.

ENSEÑANZA

Dentro del plano físico, el primer chakra controla las piernas, los pies, los huesos, el intestino grueso y la vejiga. Su continuo bloqueo puede ocasionar intermitencias emocionales (sentimientos confusos, contradictorios, enfrentados) así como falta de iniciativa personal.

El chakra raíz se vincula con las necesidades básicas de alimento y de refugio.

Tanto las depresiones como la agresividad extrema se relacionan con el exceso o la deficiencia de energía en este sector.

La impaciencia, la dependencia, los problemas para administrar el tiempo son manifestaciones psicológicas de disfunciones en este chakra, tal como lo son a nivel físico las enfermedades en el intestino grueso, ano, columna vertebral, dientes o huesos. Se desarrolla desde el nacimiento de la persona hasta los siete años.

2. Chakra sexual o sacro (Svadhisthana)

El chakra sexual o sacro es el lugar donde mora el ser. Está ubicado en la zona púbica o sacral (debajo de la ingle) y abarca los órganos genitales. Está vinculado con los órganos reproductores y también con el olfato. Hacia esas funciones dirige su energía. Involucra a los ovarios y la próstata, su elemento es el agua y su color es el naranja. Además, es uno de los sitios donde se ocultan los sentimientos de culpa y las infamias.

> ### ⓘ IMPORTANTE...
>
> **Las funciones principales de los chakras son: revitalizar cada cuerpo aural o energético y su cuerpo físico; provocar el desarrollo de distintos aspectos de la autoconciencia (pues cada uno está relacionado con una función psicológica específica) y transmitir energía entre los niveles energéticos aurales.**

El chakra laríngeo se relaciona con la capacidad de planificar.

Los síntomas más comunes de mal funcionamiento de este chakra son la falta de fuerza, el miedo a la proximidad de otras personas, rechazo al sexo, obsesión por la limpieza, debilitamiento intelectual, impotencia y dificultades en la relación con el entorno. Se desarrolla entre los ocho y los catorce años.

3. Chakra del plexo solar (Manipura)

El chakra del plexo solar se relaciona con la etapa de socialización. Se encuentra ubicado por encima del ombligo, debajo de las costillas. Desde este chakra se emite la energía necesaria para la autoexpresión (o expresión de la propia voluntad). En este punto se localizan la autoestima, la perseverancia, el miedo y la ira. Tiene influencia sobre el páncreas, su elemento es el fuego y su color el amarillo. Los trastornos en este centro provocan emociones incontrolables, así como ambición extrema, consumismo desenfrenado y envidia. Se desarrolla entre los quince y los ventiún años.

4. Chakra cardíaco (Anahata)

El chakra cardíaco es uno de los más importantes. Instala el equilibrio entre los chakras superiores y los inferiores en un flujo energético ascendente y descendente. Está ubicado en el centro del pecho, a la altura del corazón.

Su glándula de influencia es el timo, su elemento es el aire y sus colores son el verde y el rosado. Este punto se relaciona con todos los aspectos del amor y está orientado hacia la alegría, el respeto a los demás y la entrega. Las disfunciones energéticas en este sector provocan a nivel físico molestias cardíacas, enfermedades pulmonares, problemas de circulación sanguínea y espasmos. Se desarrolla entre los veintidós y los veintiocho años.

Todos los aspectos del amor se relacionan con el chakra cardíaco.

5. Chakra laríngeo (Vishuddha)

El chakra de garganta o laríngeo comprende al conocimiento y a la expresión de la creatividad a través del lenguaje oral y escrito. Está ubicado en la garganta, en la base del cuello, y su parte trasera se encuentra en las vértebras cervicales. Tiene incidencia sobre la tiroides y sobre el sentido del tacto. El bloqueo energético en este sector puede provocar en el plano psicológico miedo al fracaso en todos los ámbitos de la vida. En el plano físico, puede ocasionar dolores de garganta, tartamudez y dificultades en el habla.

Debido a su capacidad de potenciar la expresión de la voluntad propia, el chakra del plexo solar también recibe el nombre de centro del poder.

CHAKRA	FUNCIÓN	GLÁNDULA	ÁREA DEL CUERPO	EDAD (EN AÑOS)
1. Raíz	supervivencia	suprarrenal	espina dorsal	0-7
2. Sacro	sexualidad	gónadas	sistema reproductivo	8-14
3. Plexo solar	voluntad	páncreas-hígado	aparato digestivo	15-21
4. Corazón	amor	timo	sangre, circulación	22-28
5. Garganta	comunicación	tiroide	sistema respiratorio, voz	29-35
6. Tercer ojo	intuición	pineal	cerebro inferior, sistema nervioso	36-42
7. Coronilla	benevolencia	pituitaria	cerebro superior	43-49

A medida que el cuerpo humano madura, los chakras se desarrollan y crecen.

La estimulación del chakra del tercer ojo y el de la coronilla ayuda a mejorar la memoria y el aprendizaje.

Su elemento es el éter y su color es el azul. Se desarrolla entre los veintinueve y los treinta y cinco años.

6. Chakra del tercer ojo (Ajna)

Este chakra abarca el plano de la conciencia, que es el tercer ojo. También se lo conoce como chakra de la frente. Está ubicado en el entrecejo, y ejerce influencia sobre la glándula pituitaria. Se relaciona con el autoconocimiento, la sabiduría, la clarividencia y el pensamiento conceptual. Algunas falencias en este centro se traducen en problemas de aprendizaje, memoria y deducción. Su color es el índigo. Se desarrolla entre los treinta y seis y los cuarenta y dos años.

7. Chakra de la coronilla (Sahashrara)

Con el trabajo del chakra de la coronilla se desarrolla el plano de la felicidad. Está ubicado en el cerebro superior y gobierna la glándula pineal y todas las funciones del cerebro. Establece una conexión directa con la conciencia espiritual. Es uno de los chakras más importantes, ya que a través de él la energía Reiki ingresa en el organismo. Sus colores son el blanco o el violeta. Tiene lugar entre los cuarenta y tres y los cuarenta y nueve años.

Además existen dos chakras menores: *el emocional* y *el transpersonal*. El *chakra emocional* se encuentra ubicado en el centro del pecho y regula el plano de los sentimientos y las expresiones relativas a la experiencia. Es útil para el tratamiento de la timidez, los miedos y los sentimientos de agresividad y desgano.

El *chakra transpersonal*, se encuentra a diez centímetros del final del límite de la parte ósea de la cabeza. Mantiene una relación de identificación con el aura, y en él aparece el canal Reiki, que habilita la comunicación entre el universo y el psiquismo de cada ser. Influye sobre fuerzas psíquicas como la intuición y la premonición.

LA TÉCNICA REIKI

CUIDADOS Y RECOMENDACIONES

El tratamiento a través del método Reiki requiere una profunda confianza en el terapeuta. Para ayudar a generar este lazo, es primordial conocer algunos de los ejercicios principales utilizados con el propósito de restablecer el equilibrio.

En sus comienzos el Reiki no tenía posiciones fijas y predeterminadas. Se cree que Usui transmitía su energía simplemente con una mano, mientras con la otra sostenía una esfera energética sin emplear ningún tipo de método o estrategia.

Sin embargo, a medida que la técnica fue evolucionando y cobrando especificidad, algunos de sus discípulos descubrieron que si colocaban sus manos en posiciones precisas y siguiendo un orden determinado, la Energía Vital Universal actuaba con mayor eficacia.

Lo curioso del caso es que los investigadores de esta técnica encontraron secuencias bastante parecidas a las posturas de manos utilizadas en distintas culturas. Este descubrimiento acercó al Reiki aún más a otros métodos de curación milenarios y universales.

Cuando se inicia una sesión de Reiki es irrelevante si se emplea la mano izquierda o la derecha para transmitir energía, debido a que esta fuerza carece de polaridad. En cambio, es importante que las manos estén ubicadas en las posiciones correspondientes, y por ello se recomienda (sobre todo en los comienzos del aprendizaje) seguir las instrucciones del guía de la manera más fiel posible.

Para recibir un tratamiento con Reiki el paciente no necesita desvestirse, ya que la ropa no impide el flujo de la energía. Se puede trabajar sobre la piel desnuda, pero en estos casos debe evitarse acercar demasiado las palmas cuando existan heridas o quemaduras.

Para transmitir energía Reiki es irrelevante si se emplea la mano izquierda o la derecha.

靈
气

POSICIONES EN LA CABEZA

Antes de comenzar una sesión, el dador debe lavarse las manos, ya que, además de higienizarse, purifica su campo energético.

Posición 1: aquí se ubica el séptimo chakra (también denominado coronario).

Para realizar correctamente esta posición deben colocarse las manos de forma paralela sobre la coronilla y en cada uno de los hemisferios cerebrales. Asimismo, los pulgares deben tocarse en las puntas.

Esta etapa de la sesión se aplica con el objeto de disminuir el estrés, eliminar estados de ánimo negativos o trastornos en la digestión. También en caso de dolor de cabeza y vista.

Posición 2: sobre este sector se ubica el sexto chakra también conocido como "tercer ojo" (incluso por aquellas personas que tienen sólo nociones básicas sobre este tema).

Deben colocarse las manos sobre la frente y los ojos rodeando la nariz sin llegar a taparla. Para una correcta aplicación, se debe cubrir adecuadamente la franja que se prolonga entre la frente y los dientes.

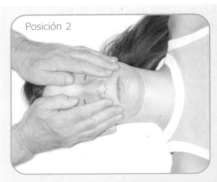

Posición 2

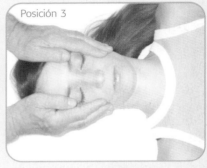

Posición 3

Generalmente se aplica como relajante del estrés y la tensión, o para el tratamiento de problemas leves de disconformidad o adicción.

Posición 3: las manos deben reposar sobre las sienes del paciente, de modo que las puntas de los dedos cubran los maxilares superiores. Esta posición actúa sobre los nervios oculares, así como también sobre ambos hemisferios cerebrales.

Se suele recomendar para tratar disfunciones en los órganos de la vista, los senos paranasales, senos frontales, nervios craneales; también en casos extremos de estrés o de desequilibrio entre las emociones y el pensamiento racional.

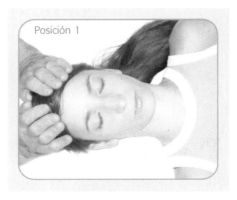

Posición 1

Posición 4: las manos deben reposar suavemente sobre las orejas.

Como en las orejas existen puntos reflejos de acupuntura que corresponden a todos los órganos y sistemas corporales (corazón, pulmones, estómago, riñones, hígado, vesícula e intestino), esta posición ayuda a aliviar disfunciones físicas y cualquier tipo de enfermedad. De modo directo, interviene en la prevención y el tratamiento de trastornos de oídos (infecciones, zumbidos, perturbación del equilibrio) y faringe.

Posición 5: deben alinearse las manos en la parte posterior de la cabeza (sobre la zona occipital) con la punta de los dedos sobre la línea central del cráneo, orientados hacia la nuca. Es ideal para trabajar sobre los cuatro primeros chakras, el cerebro, los meridianos del intestino grueso, la vesícula biliar, la vejiga y el sistema circulatorio.

Se aplica además en el tratamiento de estados de miedo (hiperventilación e hipocrónico). La posición tiene un efecto tranquilizante general y ayuda a "despejar la cabeza".

POSICIÓN 5

Se utiliza también en casos de jaqueca, hemorragias nasales y náuseas. Además mejora la tensión cervical y actúa sobre migrañas, enfermedades oculares y resfríos.

TORSO Y CUELLO

Posición 6: sobre este sector se encuentra el quinto chakra. Se ubica a la altura de la garganta y asegura todas las formas de comunicación, de creatividad y expresión.

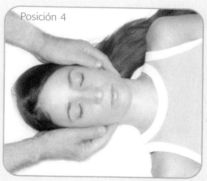

Posición 4

Las posiciones sobre el cuello ayudan a mejorar la expresión y las formas de comunicación.

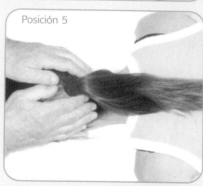

Posición 5

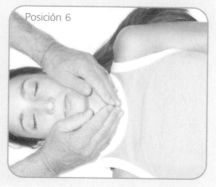

Posición 6

霊
気

El tratamiento con Reiki sólo debe aplicarse si la persona que lo va a recibir está de acuerdo. Nunca debe obligarse a nadie.

Deben colocarse de manera relajada las manos sobre la parte anterior del cuello (sin hacer contacto) a la altura de las glándulas tiroides y paratiroides, laringe, cuerdas vocales y ganglios linfáticos.

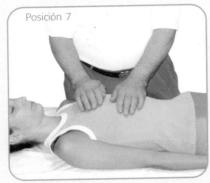

Posición 7

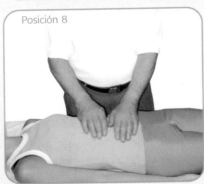

Posición 8

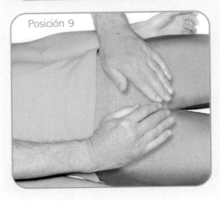

Posición 9

Posición 7: aquí se ubica el cuarto chakra, que es el eje energético humano correspondiente al corazón (no físicamente, ya que se encuentra en el medio del tórax y no a la izquierda). Para una correcta aplicación se debe colocar una mano sobre el pecho y la otra en el corazón.

Este tramo de la terapia abarca el corazón, los pulmones, el sistema circulatorio, la sangre, la piel y la glándula timo. Si este punto sufre un desequilibrio, la energía que fluye en el sistema circulatorio puede bloquearse generando graves trastornos emocionales.

Posición 8: aquí se ubica el tercer chakra. En el plano cósmico, este eje energético se relaciona con el plexo solar; mientras que en el plano físico se encuentra justo por encima del ombligo. Para una correcta ubicación las manos deben colocarse entre el estómago y el ombligo. Esta posición trata el área de la cavidad abdominal completa: estómago, hígado, bazo, vesícula biliar, sistema digestivo, neurovegetativo, y páncreas. Debe aplicarse en casos de nerviosismo, insomnio, angustia, obesidad y anorexia.

Posición 9: se deben ubicar las manos formando una especie de V y colocando los pulgares sobre el sector más sobresaliente de los huesos de la pelvis. Las puntas de los dedos mayores se sitúan prácticamente sobre el hueso del pubis. Trata el área genital y urinaria y todos los órganos relacionados: útero, vejiga, riñones, tramo inferior de los intestinos, sangre, ganglios linfáticos, jugos gástricos, ovarios, testículos y próstata. Debe aplicarse en el caso de problemas sexuales (frigidez e impotencia), temores al contacto, represión y problemas de peso.

Posición 10: las manos se colocan a la izquierda y a la derecha de la clavícula, cuidando que formen una línea recta en dirección al dador de energía. Relacionada aunque no de modo directo con el cuarto chakra, esta posición actúa principalmente sobre los bronquios. Debe aplicarse para disminuir el estrés y los sentimientos de angustia. También sirve para aliviar el asma, la bronquitis y la tos.

Posición 11: para realizar correctamente esta postura, es necesario ubicar las manos a la derecha (una en la zona baja del pecho y la otra a la altura de la cintura). Los dedos apuntan hacia el ombligo. Trata el hígado, la vesícula biliar, el píloro, el duodeno, las enfermedades hepáticas, vesiculares, los trastornos digestivos, la anorexia y la hipertonía.

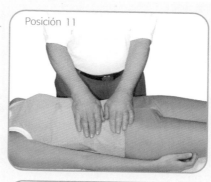

(*) POSICIÓN 11

Se suele aplicar para desintoxicar el organismo y aliviar estados de agitación generados por depresiones constantes.

Posición 11

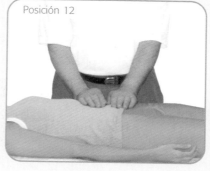

Posición 12

En ocasiones durante el tratamiento pueden producirse diferentes sensaciones, tales como frío, calor y excitación.

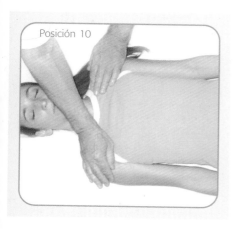

Posición 10

Posición 12: en este punto las manos se ubican a la izquierda (una en la zona baja del pecho y la otra a la altura de la cintura). Los dedos apuntan hacia el ombligo. Trata partes del estómago y de la glándula páncreas (productora de insulina), el bazo y sectores del intestino grueso y delgado. Debe aplicarse en casos de anemia, leucemia, problemas del sistema inmunológico, diabetes e infecciones.

霊
気

POSICIÓN 12

Esta postura también fortalece el sistema inmunológico en enfermedades virósicas como gripe, sarampión y paperas. Además es un poderoso paliativo para casos de trastornos digestivos crónicos, anemias o inflamaciones corporales.

POSICIONES DE LA ESPALDA

Las posiciones sobre la espalda ayudan a tratar problemas en los sistemas urogenital, nervioso y digestivo.

Posición 13: en esta posición se alcanza a cubrir la totalidad del primer chakra, el aparato urogenital, intestinos y la zona del nervio ciático.

La persona debe acostarse boca abajo. Las manos se colocarán a la altura del hueso sacro en forma de T (una en sentido horizontal y la otra por debajo de la primera en sentido vertical), ejerciendo una leve pero constante presión.

Trata la columna vertebral, los huesos, los dientes y la uñas. Además el recto, los intestinos, la sangre, la formación de las células, el nervio ciático y la glándula suprarrenal. Debe aplicarse para restablecer la relación con la realidad y disminuir los miedos al futuro (ya que estimula la confianza y la fuerza interior).

La energía Reiki actúa en esta zona devolviendo al paciente vitalidad, sobre todo si se padecen hemorroides, pinzamiento del nervio ciático o disturbios intestinales y gástricos.

Posición 14: las manos se ubican separadas, a la derecha y a la izquierda de los riñones. Los dedos apuntan hacia abajo y hacia afuera.

Debido a su colocación cercana es ideal para tratar problemas y fallas en los riñones, los intestinos y el nervio ciático. Dentro del plano psicológico, atenúa dificultades sexuales, temores sociales (como aislamiento, timidez, agorafobia y ataques de pánico).

Además, estimula la desintoxicación general del cuerpo y de los órganos

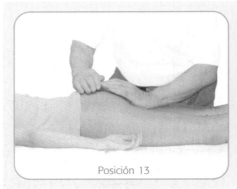

Posición 13

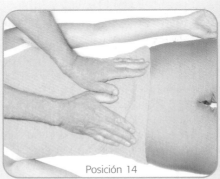

Posición 14

excretores. Resulta de eficaz ayuda en casos de enfermedades renales, trastornos del metabolismo, reacciones alérgicas, shocks infecciosos, quemaduras y colapsos renales.

Posición 15: las manos se ubican a la altura de del corazón, a la izquierda y a la derecha de la columna vertebral. Los dedos apuntan en dirección contraria al costado en donde se sitúa el dador.

Trata los pulmones, el corazón, las zonas cercanas de la columna vertebral y de los omóplatos. Debe aplicarse en casos de pulmonía, tos, enfermedades cardíacas y dolores de espalda. Dentro del plano psíquico, alivia bloqueos emocionales, angustia, depresión y afloja las tensiones de la zona lumbar.

Posición 16: para esta postura las manos se ubican en forma paralela, formando una leve diagonal sobre los omóplatos, con los dedos apuntando hacia la cabeza.

Se emplea generalmente para aliviar tensiones de la musculatura en la zona del cuello, los hombros y la espalda. Si se trabaja adecuadamente sobre este eje —y si además se lo combina con suaves masajes descontracturantes—, se experimenta una notoria mejoría en el área de los omóplatos y espaldar.

Posición 17: las manos se ubican paralelas, una sobre el cuello y otra sobre la parte superior de la espalda, arriba de los omóplatos (a la altura de la séptima vértebra cervical). Trata la nuca, el cuello, la columna vertebral y los nervios. Debe aplicarse para aliviar la angustia y la congoja.

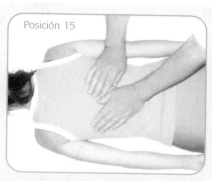

Posición 15

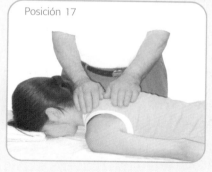

Posición 16

Posición 17

Al terminar una sesión de Reiki, es conveniente que el paciente haga reposo durante cinco minutos.

✳ POSICIÓN 17

Algunas aplicaciones de esta postura se emplean para tratar problemas de estabilidad, equilibrio y dolores localizados en la nuca.

PIERNAS Y PIES

Las posiciones sobre los pies ayudan a re-equilibrar estados emocionales alterados.

Posición 18: las manos se apoyan a la altura de la curva de flexión de las piernas (detrás de las rodillas). Es ideal para aflojar los bloqueos emocionales.

Se aplica al tratamiento de la artrosis, inflamación de la bolsa sinovial y lesiones causadas por prácticas deportivas. Regenera las articulaciones dañadas de las rodillas, los meniscos y la bolsa sinovial. Mejora la circulación de los pies y la parte baja de las piernas.

Las manos se sitúan en las rodillas, sobre una serie de chakras secundarios relacionados con la capacidad de adaptación, aprendizaje y cambio.

Posición 19: las manos se cierran alrededor de cada tobillo. Trata las articulaciones y la zona pelviana. Ayuda en casos de falta de confianza, mejorando la estabilidad emocional. Tratamiento de artrosis, reumatismo, dolencias de la columna vertebral hasta la pelvis, e infecciones de las vías urinarias.

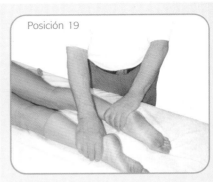

Posición 19

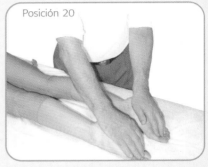

Posición 20

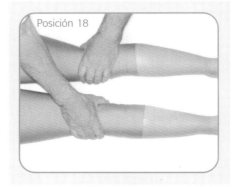

Posición 18

Posición 20: las manos se apoyan sobre las plantas de los pies.

Desde esta posición se alcanzan todos los puntos de la acupuntura y de la digitopuntura. Se emplea como apoyo de todas las demás posiciones y tratamientos psíquicos y físicos. Se conoce a esta posición como la de "cable a tierra", pues actúa en estados de shock, como accidentes o pérdidas emocionales graves.

Las manos se ubican sobre las plantas de los pies, cubriendo la punta de los dedos, sitio en el que existen zonas reflejas de todos los órganos y donde además se hallan los meridianos del estómago, el hígado, los riñones y la vesícula biliar.

EL TRATAMIENTO

ALINEACIÓN Y AUTOTRATAMIENTO

Uno de los principales procedimientos del Reiki está relacionado con la autocuración. Este método posee posiciones y movimientos particulares que ayudan a descongestionar los tapones de energía vital producidos por trastornos comunes como la ansiedad o la depresión.

El Reiki es muy eficaz, pero de ninguna manera es una "*cura milagrosa*". **Sus efectos son acumulativos**. Para percibir resultados efectivos, se recomienda realizar una serie de tratamientos de cuatro sesiones.

Generalmente, esa cantidad de sesiones es suficiente para solucionar problemas emocionales, de estrés, tensión, ansiedad o insomnio.

El Reiki es ideal para tratar problemas de tensión y contracturas en la zona dorsal.

Para el tratamiento de problemas físicos suele recomendarse un número mayor de sesiones, pero ello depende, en realidad, del paciente y de su dolencia.

Además de actuar sobre el punto del cuerpo o del espíritu que lo requiere, el efecto general de Reiki crea una sensación de paz y tranquilidad en el paciente. Luego de cada sesión, la persona que realiza el tratamiento se siente con la autoestima suficiente como para afrontar los desafíos de la vida cotidiana.

Esta terapia aumenta la energía y los ánimos del practicante, y le otorga de esa manera la posibilidad de enfocar la vida y sus problemas desde un punto de vista más positivo. Uno de los objetivos principales es bajar el nivel de preocupación, relativizar el valor de las preocupaciones.

Por eso, el lugar donde se realizan las sesiones de Reiki debe ser lo más armonioso posible.

El Reiki ayuda a bajar los niveles de preocupación y a enfocar la vida y sus problemas desde un punto de vista positivo.

AUTOTRATAMIENTO

El tratamiento de Reiki permite que la persona iniciada se aplique de modo directo los efectos benéficos de la energía Ki.

Una de las técnicas más utilizadas por los practicantes de Reiki es el autotratamiento. Este método representa a menudo unas de las razones principales por las cuales las personas deciden aprender Reiki. Sus efectos, por ejemplo, tienen una incidencia directa en la prevención del estrés y el insomnio.

Asimismo es una buena forma de recargar diariamente energía. Su empleo cotidiano previene la mayoría de las enfermedades. Se recomienda aplicarlo preferentemente durante la noche, antes de irse a dormir.

El **primer paso** es la **armonización personal**. La posición inicial de este modo de alineación es con las palmas de las manos abiertas y apoyadas sobre los muslos. Desde esa posición, las manos se deslizan hacia el chakra raíz, y se detienen a la altura de los genitales (no es necesario que las manos se apoyen sobre estos puntos), **figura 1.** Luego hay que subir hacia el chakra sexual, y detenerse en la zona de los órganos de reproducción, **figura 2.**

La imposición continúa en el plexo solar. En ese punto es preciso movilizar los intestinos y cada uno de los órganos que se encuentran a la altura del ombligo: el estómago, el hígado y -hacia atrás- los riñones, **figura 3.**

Después las manos se dirigen hacia el chakra cardíaco, donde masajean la zona y, a veces, pueden seguir el recorrido sanguíneo de venas y arterias, **figura 4.**

Figura 1

Figura 2

Figura 3

Figura 4

En el siguiente paso, las manos deben unirse en el chakra de garganta, donde se ubican las tiroides, las cuerdas vocales y el maxilar inferior. Las manos, aquí, armonizarán las funciones correspondientes de cada elemento corporal, *figura 5.*

Figura 5

Una vez hecho esto, las manos se colocan en el tercer ojo, ubicado en el entrecejo. Se trata de un punto energético muy importante, ya que todos los temas neurológicos se relacionan con él. Este sector debe ser tratado especialmente en casos de dolores de cabeza o tensiones: las manos pueden moverse hacia los costados y masajear la frente y las sienes, *figuras 6 y 7.*

Figura 6

Luego, las manos se dirigen hacia el chakra de la coronilla, sobre la parte final del cráneo, a la altura de la glándula hipófisis. Las manos, en este caso, pueden desplazarse desde un hemisferio del cerebro hacia el otro, *figura 8.*

Figura 7

La aplicación de Reiki en diferentes zonas ayuda a elevar las defensas corporales.

✳ ENSEÑANZA

La técnica Reiki consiste en canalizar energía hacia un lugar específico en el que existe un problema, o bien hacia todo el cuerpo de una persona. La elección de una u otra alternativa depende de la dolencia y del tipo de tratamiento que se siga. Antes de impartir sesiones de Reiki, se recomienda aplicarlas sobre uno mismo, para descubrir la dinámica de la energía.

Figura 8

Cuando se finaliza una sesión, es recomendable reposar unos minutos antes de volver a la actividad.

Figura 9

Figura 10

común por ejemplo para entrar en contacto con las energías del entorno o meditar. Sucede que el tratamiento con un terapeuta (llamado tratamiento base) necesita tiempo y concentración especiales. Sus objetivos requieren varias sesiones para ser llevados a cabo y por esta razón son muchos más efectivos. (Aclaración: se debe recordar que el Reiki siempre trata los problemas desde la raíz y no desde sus extensiones). Sin embargo existen ocasiones en las que no se puede optar por este método y se requieren otros tipos de terapias.

En efecto, la alineación puede ser una excelente opción para algunos casos. Por ejemplo: la terapia con niños (que difícilmente permanecen inmóviles el tiempo requerido para un tratamiento) o con personas con algún tipo de debilidad energética y que necesitan habituarse progresivamente a la energía. Resulta útil, además, cuando no se tiene tiempo de efectuar un tratamiento prolongado.

Para finalizar, las manos toman los dos chakras complementarios (el transpersonal y el emocional), en el orden que espontáneamente surja.

En el chakra transpersonal, las manos se mueven cada una hacia un costado de la cabeza; *figura 9* y en el chakra emocional se movilizan desde el centro del pecho *figura 10.*

ALINEACIÓN DE LOS CHAKRAS

Aparte del autotratamiento, la alineación de chakras es un método de manejo de la energía Reiki que puede brindar bienestar y calmar dolores intensos. Su utilización es muy

 IMPORTANTE...

Lo primero que debe hacer el terapeuta que se prepara para una sesión de Reiki es abrirse a las fuerzas cósmicas y alinearse con ellas. Sin embargo, no sólo debe hacerlo antes de la sesión, sino también a lo largo de toda su vida en general. Para ello es preciso que mantenga su propio cuerpo sano mediante el ejercicio físico y la alimentación.

El objetivo principal de este método se centra en que los sectores por dónde entra la energía estén alineados es decir, que se encuentren en su posición correcta y funcionen adecuadamente.

Para su aplicación existen muchas variantes (algunas de ellas se realizan en una camilla y otras con el paciente pie), sin embargo todas confluyen en la necesidad de lograr un estado de tranquilidad y relajación en la persona.

Cada una de sus posturas tiene que mantenerse por lo menos dos minutos sobre los chakras y todo el proceso debe durar por lo menos diez. Cabe aclarar que las posiciones de las manos en ningún caso vulneran la intimidad de la persona.

El practicante de Reiki invita suavemente al paciente a relajarse, a concentrarse en su respiración y a meditar. El objetivo siempre se concentra en alcanzar un estado profunda de relajación. Es un modo de aplicación básico, que consiste en imponer en el paciente desde el centro de las palmas de las manos el punto central de fuerza para liberar y asegurar el flujo de la energía universal por todo el cuerpo.

Suele suceder (y en la actualidad con mucha frecuencia) que la energía que circula por el cuerpo, muchas veces, lo hace de manera desorganizada debido que los sectores por donde ingresa no están en su respectivo lugar. Para que la energía pueda circular adecuadamente los chakras deben estar ubicados en su espacio y sector correspondiente.

ENSEÑANZA

Para una correcta ambientación de la sesión, los colores elegidos para recibir el tratamiento deben corresponderse con el estado de ánimo del paciente. Por ejemplo, si se precisa más energía física tal vez sea una buena elección el color rojo.

La alineación de chakras consiste en restaurar el equilibrio de cada uno de los sectores energéticos tratados.

El vocablo español "alinear" significa "ordenar o encuadrar dentro de". Precisamente, cuando se realiza este tipo de operación lo que se está haciendo es volver a colocar los centros energéticos en su lugar.

Entonces, en el marco de un tratamiento base, se recomienda que cada una de las sesiones comience con una alineación:

Alineación de los chakras paso a paso

PASO 1	Descripción

● El paciente debe estar sentado en una silla con una base firme. La espalda debe estar recta alineada con los ísquiones (los huesos finales de la pelvis).

● Sus pies deben estar apoyados en el piso, y las palmas de las manos abiertas y hacia arriba.

PASO 2	Descripción

● El técnico debe ubicarse detrás del paciente, parado y con las manos extendidas hacia arriba, tratando de que la punta de sus dedos coincida con los hombros.

● La distancia a la que debe encontrarse de la silla tiene que coincidir con la de sus brazos extendidos hacia adelante.

PASO 3	Descripción

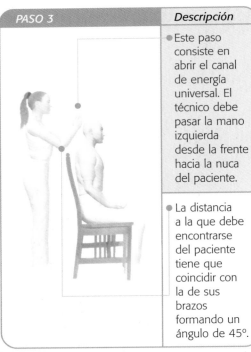

● Este paso consiste en abrir el canal de energía universal. El técnico debe pasar la mano izquierda desde la frente hacia la nuca del paciente.

● La distancia a la que debe encontrarse del paciente tiene que coincidir con la de sus brazos formando un ángulo de 45°.

PASO 4	Descripción

● El técnico debe soplar la zona de la coronilla para reafirmar el gesto de apertura.

● El paciente tiene que estar muy bien relajado. Para ello, su respiración tiene que ser: lenta, pausada y costo-diafragmal (también llamada "respiración biológica").

靈
気

Alineación de los chakras paso a paso

PASO 5	Descripción

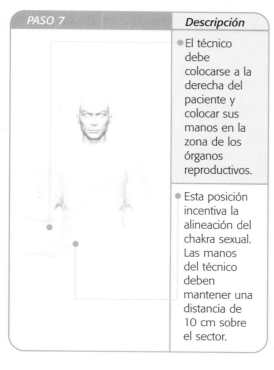

- En esta etapa, el paciente debe procurar mantener la respiración y la postura. Si por alguna razón necesita moverse deberá consultarlo con el técnico.

- En esta fase, las manos del técnico tienen que dirigirse al chakra raíz y detenerse allí, sin tocarlo durante 2 minutos.

PASO 6	Descripción

- En este paso, el técnico debe colocarse nuevamente detrás del paciente y posar sus brazos (con las palmas de las manos extendidas) sobre los hombros.

- Los codos del técnico tienen que estar alineados con la punta de sus propios pies, formando una línea vertical.

PASO 7	Descripción

- El técnico debe colocarse a la derecha del paciente y colocar sus manos en la zona de los órganos reproductivos.

- Esta posición incentiva la alineación del chakra sexual. Las manos del técnico deben mantener una distancia de 10 cm sobre el sector.

PASO 8	Descripción

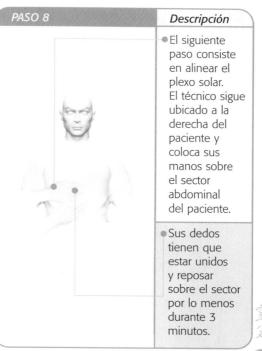

- El siguiente paso consiste en alinear el plexo solar. El técnico sigue ubicado a la derecha del paciente y coloca sus manos sobre el sector abdominal del paciente.

- Sus dedos tienen que estar unidos y reposar sobre el sector por lo menos durante 3 minutos.

Alineación de los chakras paso a paso

PASO 9	Descripción

● Este paso se corresponde con la alineación del chakra cardíaco. En este caso las manos deben detenerse sobre el sector y realizar un suave masaje.

● Las palmas se fijan primero en el corazón, luego en las arterias y por último en las venas principales.

PASO 10	Descripción

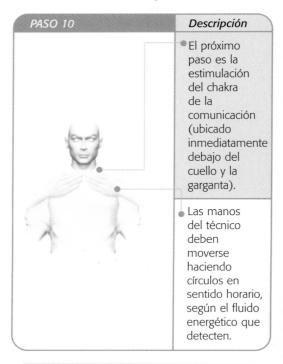

● El próximo paso es la estimulación del chakra de la comunicación (ubicado inmediatamente debajo del cuello y la garganta).

● Las manos del técnico deben moverse haciendo círculos en sentido horario, según el fluido energético que detecten.

PASO 11	Descripción

● Para esta posición el técnico debe volver a colocarse por detrás del paciente y masajear suavemente con sus manos en la mitad de la frente.

● Sin embargo, para que la energía pueda circular adecuadamente, debe extenderse el masaje hacia la zona posterior de la cabeza.

PASO 12	Descripción

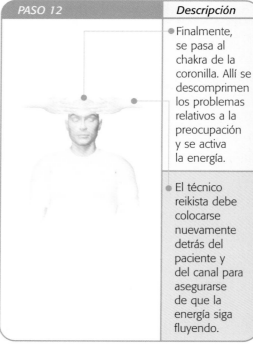

● Finalmente, se pasa al chakra de la coronilla. Allí se descomprimen los problemas relativos a la preocupación y se activa la energía.

● El técnico reikista debe colocarse nuevamente detrás del paciente y del canal para asegurarse de que la energía siga fluyendo.

靈
気

OTRAS RECOMENDACIONES

Puede describirse un modelo general de tratamiento, que luego se adaptará a cada chakra, según la dolencia y las necesidades del paciente, y según los elementos correspondientes al estímulo de cada chakra. A continuación se describe el modo general para comenzar una terapia de Reiki.

- Vaporizar el contorno del cuerpo del paciente con la solución que corresponda -siempre elaborada con vinagre y alcohol- según el chakra que se esté tratando (si es el de raíz, utilizar la solución a base de menta; si es el chakra sexual, emplear la fórmula a base de rosas).

- Soplar, desde atrás del paciente -que está acostado en una camilla-, el canal de energía universal ubicado en el centro de su cabeza.

Cuando un chakra se bloquea, el terapeuta debe enfocarse particularmente en él.

IMPORTANTE...

El chakra del plexo solar tiene una gran incidencia en el resto del cuerpo, por lo que en su tratamiento pueden utilizarse piedras muy diversas. Los colores van del amarillo al marrón, recorriendo toda la gama.

- Al finalizar, detenerse en el chakra específico y masajear bien toda la zona durante el tiempo que sea necesario, según el fluir de la energía en ese punto.

- Recitar mentalmente los nombres de los órganos implicados.

- Colocar las piedras elegidas sobre cada punto del chakra, y al cabo de un rato retirarlas.

- Recitar palabras suaves al paciente, para que tome contacto con el practicante.

- Cerrar el canal universal y dar por terminada la aplicación.

Una vez hecho esto, el practicante de Reiki se focaliza en tratar específicamente aquel chakra que se encuentre afectado por el mal o dolencia que tenga el paciente. Para ello, se utilizan diversas piedras, según el chakra de que se trate, así como distintas cremas, tisanas o aromas. A continuación, se detallan los elementos auxiliares correspondientes al tratamiento de cada uno de los siete chakras principales:

Generalmente el tratamiento con energía Reiki dura cuatro sesiones.

53

La posición de los chakras y su tratamiento con gemas de color.

Chakra de la coronilla
Se emplearán piedras blancas o cristales, como el cristal de roca, el diamante, la selenita, la perla, la calcedonia y la turmalina transparente. Para las soluciones aromáticas y cremas, la base será de pétalos de jazmín o de rosa.

Chakra de garganta
Vinculado con el color azul, requiere de piedras como el zafiro, el aguamarina, la turquesa y el lapislazuli. Los aromas y las cremas deben estar preparados a base de lavanda.

Chakra plexo solar
Pueden emplearse piedras como el cuarzo citrino, el topacio, el ámbar, el ojo de tigre, la ágata, de ópalo de fuego y el coral. Las cremas y los aromas se realizarán a base de naranjas.

Chakra raíz
Para tratar este chakra, pueden utilizarse aromas de aceites o cremas preparados a base de menta, que a su vez se utilizarán en los masajes de la terapia. Las piedras correspondientes son la piedra imán o hematite, el ónice negro, la turmalina y la obsidiana negra.

Chakra del tercer ojo
Vinculado con el color violeta, el tratamiento de este chakra se realizará con piedras tales como la fluorita, la amatista y el cuarzo ahumado. Para realizar las fórmulas de cremas y soluciones aromáticas, siempre se emplearán pétalos de clavel rojo.

Chakra cardíaco
Se emplea para el tratamiento de este punto el color verde, y en general las piedras deben ser pequeñas. Las más utilizadas son la esmeralda, el jade, la venturina y la malaquita. Las soluciones aromáticas, deben estar realizadas a base de eucalipto.

Chakra sexual
Las piedras o gemas indicadas para su tratamiento son rojas, porque ese es el color correspondiente a este chakra: el rubí, el granate, el jaspe rojo, el berilio rojo, la sardónice y el coral rojo. Los aceites y aromas se realizarán a base de rosas.

Raíz	Sacro	Plexo solar	Corazón	Garganta	Tercer ojo	Coronilla
Ubicación coxis	*Ubicación* pelvis	*Ubicación* plexo solar	*Ubicación* pecho	*Ubicación* garganta	*Ubicación* entrecejo	*Ubicación* coronilla
Color rojo	*Color* naranja	*Color* amarillo	*Color* verde-rosa	*Color* azul	*Color* índigo	*Color* violeta-blanco

LOS SONIDOS Y LA MÚSICA

La música guarda una estrecha relación con la práctica de Reiki. En principio sus conceptos se centran en equilibrar y armonizar los sonidos dentro de un mismo tiempo y espacio.

Por eso, es perfectamente normal que cuando se escucha música agradable se produzcan en el cuerpo vibraciones sugestivas y una sensación de comunicación con los campos energéticos del entorno.

Otra llamativa coincidencia consiste en que las dos disciplinas comparten un principio común: la afinación. "Estar afinado" significa, tanto en música como en Reiki, estar ubicado dentro de un tono y una frecuencia (como sucede con las energías cuando se realiza un tratamiento). No es casual que en muchas tribus indígenas el baile, el canto y la música se utilicen para ceremonias sagradas y ritos de iniciación. Un ejemplo claro y conciso de esta cuestión se puede observar en algunas comunidades latinoamericanas que han desarrollado fuertes tradiciones conectando la armonía espiritual y corporal a través de los sonidos.

Además, el lenguaje musical comparte con el lenguaje corporal y energético del Reiki el hecho de ser un discurso no conceptualizable; un dialecto que se desarrolla en un campo mucho menos racional (donde lo simbólico forma el entramado principal).

A una frase musical sólo se la puede describir o explicar pero no se la puede racionalizar. De la misma manera se puede hablar de las energías y sensaciones que experimenta el cuerpo cuando encara una terapia Reiki. Cuando se está expuesto a los ruidos nocivos (como por ejemplo una

Si bien existe un modelo general de tratamiento, cada terapeuta puede modificarlo de acuerdo a las necesidades de su paciente.

✳ CHAKRAS INTERDIMENSIONALES

Existen cinco centros de energía fuera del cuerpo que están localizados en otras dimensiones del ser. Sin embargo, coexisten en el tiempo presente y son invisibles e inaccesibles a los sentidos. Generalmente se los encuentra de a pares, el primero se localiza a 30 cm sobre la cabeza y 30 cm bajo los pies; el segundo alrededor de 90 cm en ambas direcciones y el tercer par a 1 metro. El cuarto y quinto par sobrepasan los conceptos tradicionales de tridimensión y se extienden hacia el infinito.
Hay también un octavo, noveno, décimo, onceavo y doceavo chakra que operan de forma independiente. Todos están ubicados por encima y por debajo del cuerpo.

靈
気

Algunos sonidos musicales ayudan a equilibrar y armonizar el aura.

bocina de autos), una melodía suave o una canción interesante a bajo volumen, restituyen (afinan) la armonía sonora del ambiente.

Resulta clave, entonces, entender que todos los sonidos afectan el aura, tanto los musicales como los producidos por la polución auditiva de las ciudades. Las vibraciones sonoras pueden excitar o relajar la energía que circula por el cuerpo. Es por eso que uno de los requisitos básicos e indispensables para los tratamientos de Reiki consiste en "preparar" el ambiente en dónde se va a realizar la sesión con música tranquila y agradable.

EL YOGA

El tratamiento con Reiki puede complementarse (e incluso amplificarse) si se realizan otros tipos

El yoga es ideal para mejorar la circulación sanguínea y templar los nervios.

de actividades que mejoren sus propiedades curativas y armonizadoras. Una excelente opción puede ser practicar algún tipo de Yoga.

Relacionar estas dos prácticas es completamente correcto, pues ambas provienen del mismo núcleo teórico. El Yoga es ideal para preparar y relajar el cuerpo, mejorar la circulación sanguínea, templar los nervios y los canales por donde fluye Ki. Esto posibilita que el Reiki encuentre una adecuada resonancia dentro del campo energético corporal.

Además, estas antiguas disciplinas fueron desarrolladas para logran que el cuerpo hable y se exprese, ya sea respetando su mundo interno a través de un lenguaje corporal sofisticado y sanador (como es el caso del Yoga) o liberando energía negativas (como en el Reiki).

El respeto y el cuidado de los movimientos que aporta yoga son ideales para crear una fuerte sintonía con las fuerzas vitales que protegen y sanan el cuerpo. Como todo lenguaje, su discurso corporal contiene frases formadas por palabras; cada posición siempre expresa un sentimiento independiente y personal a pesar de que la postura elegida esté predeterminada.

Los beneficios del Yoga son altamente positivos en la preparación del reikista como iniciador o transmisor de los grados Reiki a otras personas. En la actualidad existen muchos centros de enseñanza de Reiki que incluyen en sus currículas métodos y ejercicios de aplicación del Yoga.

APLICACIONES Y FUNCIONES

REIKI Y VIDA COTIDIANA

Desde sus comienzos a la actualidad, el Reiki fue ampliando paulatinamente su campo de acción. Hoy en día, además de contribuir a tratar dolencias y afecciones físicas y emocionales, es utilizado en distintos contextos como una ayuda realmente eficaz.

Son numerosas las situaciones en las que es aconsejable la práctica del Reiki, en tanto se trata de una disciplina cuyo principal objetivo es la obtención de un cierto equilibrio energético entre los distintos planos: físico, psíquico y espiritual. Además de las aplicaciones que ya han sido mencionadas respecto de dolencias físicas o sintomatologías relacionadas con aspectos emocionales, el Reiki puede ser aplicado en diversos contextos.

Si bien no se explicita de manera enfática, existe una conexión muy fuerte entre la transmisión energética de la técnica Reiki y las conexiones espirituales del sexo (entendido en el sentido amplio y abarcador de todas aquellas prácticas que conforman lo que se comprende por sexualidad).

Ya sea como técnica o como filosofía de vida (una persona puede recibir tratamientos Reiki sin ser un maestro de Reiki y dedicar su vida a eso), el Reiki provee elementos muy concretos y accesibles respecto de la manera de generar placer sexual.

No obstante, la pareja debe estar integrada por reikistas, y al menos uno debe tener un segundo nivel de Reiki.

Es importante recordar que el Reiki no reemplaza a la medicina tradicional. Por el contrario, la complementa y potencia.

El Reiki puede ser de gran ayuda para fortalecer la unión de la pareja.

EMBARAZO...

Recibir Reiki durante el embarazo no sólo es beneficioso para la mujer embarazada sino también (y fundamentalmente) para el niño. La energía vital ayuda al crecimiento sano del bebé, en sus aspectos físico y emocional.

Durante el embarazo, la terapia con Reiki proporciona un excelente estado de relajación.

La pareja se conecta con la energía Reiki, con los símbolos correspondientes al segundo nivel, y los aplica en zonas puntuales del cuerpo y el aura. Con esto, se logran estados de éxtasis prolongados, mediante los cuales puede decirse que se realiza una verdadera "fusión" de los amantes, manifestada en orgasmos múltiples tanto en la mujer como en el hombre.

Según la correcta aplicación de todos los elementos de la técnica, la pareja puede estar unida durante

El Reiki ayuda a calmar las típicas contracciones del proceso de gestación.

largos momentos, en los cuales se realiza un profundo reconocimiento del propio cuerpo y del cuerpo del otro, en estados de éxtasis nunca antes alcanzados.

Para el hombre, esto implica la posibilidad de controlar la eyaculación, y en la mujer se trata de la posibilidad de tener múltiples orgasmos. Es que de eso, en definitiva, se trata el Reiki: de dar amor.

El Reiki practicado en pareja es una ayuda invalorable para aquellas uniones que se encuentran en crisis. La meditación compartida, el juego y la sexualidad producen en los integrantes de la pareja una nueva imagen de ellos como unión. En síntesis, el Reiki en pareja puede resultar una experiencia maravillosa, tendiente a profundizar y armonizar la relación.

REIKI PARA EL EMBARAZO

Muchas futuras mamás aprenden Reiki para utilizarlo durante su embarazo, y así logran estados de paz y tranquilidad que contribuyen a un buen desarrollo del bebé. También los futuros papás suelen participar de esta experiencia para ayudar a su pareja y lograr, entre los dos, una unión especial con el hijo por venir.

Con aplicaciones de Reiki durante el embarazo, la madre puede proteger al bebé de malas influencias, enfermedades y trastornos, y al mismo tiempo fomentar su desarrollo en el vientre. Cuando la madre da Reiki al bebé en su vientre, la conexión que se establece entre ellos durante el embarazo es inigualable.

Además, el Reiki proporciona un estado de relajación ideal para que el momento del parto no sea experimentado con ansiedad negativa ni miedos, sino con serenidad y placer. Algunas madres incluso logran controlar los niveles de dolor.

LOS BEBÉS Y EL REIKI

El Reiki puede ser aplicado a bebés —igual que a niños y adolescentes—, siempre y cuando ellos acepten el tratamiento. La aceptación u oposición se manifiesta en los bebés de una forma espontánea y claramente identificable. Cuando un bebé expresa su rechazo (por ejemplo a través del llanto), no se debe insistir en la aplicación del método.

El respeto por la persona es una clave fundamental del Reiki, técnica que siempre debe ser impartida con el consentimiento de su destinatario. Uno de los usos más interesantes de Reiki en los bebés es el relativo al insomnio o a la dificultad para conciliar el sueño.

Sucede que las sesiones de Reiki suelen generar una sensación de relajación en el paciente, que ayuda a fomentar un sueño profundo y relajante después de la sesión. Con el paso del tiempo, esta sensación de relajación se convierte en un estado fácil de alcanzar.

A la hora de dormir, el paciente simplemente se apresta a recordar las sensaciones experimentadas durante la sesión para recobrar ese estado de relax, y así logra conciliar el sueño.

Generalmente, los bebés reaccionan positivamente cuando reciben Reiki.

El Reiki es un método natural y práctico para solucionar problemas de insomnio, no sólo en el caso de los bebés, sino en las personas de cualquier edad.

Después, a medida que el paciente sigue con su tratamiento, el Reiki sana la causa del insomnio. En el caso de los bebés, que no pueden manejar deliberadamente su conciencia, el Reiki los ayuda a dormir simplemente porque los pone en una situación de relajación y tranquilidad que, muchas veces, los hace sentir seguros, protegidos y sumamente cómodos.

ⓘ IMPORTANTE...

Varios testimonios de madres que realizaron Reiki durante el embarazo afirman que los bebés tratados con Reiki cuando estaban en proceso de gestación son más tranquilos y equilibrados emocionalmente.

EL REIKI Y LAS MASCOTAS

Las mascotas pueden recibir un tratamiento de Reiki ya que están sujetas a los mismos principios energéticos que rigen la vida humana.

Las mascotas domésticas también pueden recibir un tratamiento de Reiki, ya que están sujetas a los mismos principios energéticos que rigen la vida humana. Es decir que se puede reparar el campo de energía de las mascotas de la misma forma que en las personas. De hecho, en Europa hay una gran cantidad de clínicas de Reiki para animales, al igual que en muchos países de Latinoamérica.

En el caso de las mascotas, el Reiki tiene los mismos efectos armonizadores que se observan en las personas. Ayuda en la prevención de enfermedades y potencia los efectos benéficos de los tratamientos prescriptos por el veterinario, tanto para casos crónicos como para casos agudos.

También fortalece el sistema inmunológico y los mecanismos de autocuración, complementando tratamientos oncológicos.

Muchos médicos veterinarios aplican la técnica Reiki como una efectiva terapia curativa.

Los animales reaccionan favorablemente a la terapia con Reiki.

En cuanto al plano psíquico, es útil para tratar a animales atemorizados por algún trauma de encierro, maltrato o abandono. Puede, además, resultar de gran ayuda para acompañar a animalitos en tránsito, es decir aquellos que se encuentren en lo que comúnmente se llama etapa terminal, cuando están a punto de morir.

Muchos veterinarios homeópatas utilizan la técnica Reiki para que a los animales se relajen en la consulta, y para ayudarlos a curarse de diversas condiciones patológicas. El Reiki promueve una sanación más rápida de todo tipo de dolencias físicas y psíquicas, tratando los bloqueos energéticos del organismo del animal a fin de restablecer el equilibrio de la fuerza vital.

ENSEÑANZA

En el caso de los pájaros u otros animales (poco inclinados a dejarse acariciar), basta con tender las palmas de las manos en su dirección y tratarlos a una cierta distancia. Si se quiere aplicar Reiki a los peces de un acuario, hay que poner las manos sobre sus paredes y dirigir el pensamiento hacia el animal.

EL REIKI Y LAS PLANTAS

Incluso las plantas pueden obtener grandes provechos del Reiki: serán más bellas, más fuertes y más resistentes a las infecciones parasitarias. A este respecto, el mundo vegetal puede suministrar una excelente prueba experimental de la eficacia del Reiki: basta con tomar dos plantas de interior idénticas y comenzar a tratar una de ellas. Al cabo de un tiempo, la diferencia en términos de crecimiento y floración salta a la vista.

Existen, esencialmente, tres maneras de tratar a los vegetales, según la situación y el tipo de planta.

1. Transmitir el Reiki a las raíces (se debe colocar las manos sobre la tierra o sobre la maceta) en el caso de plantas de interior.

2. Colocarse frente a la planta y girar las palmas de las manos hacia esta última o bien, si se trata de un árbol, rodear su tronco con los brazos.

3. Transmitir el Reiki a las semillas antes de plantarlas. Colocar las manos unos centímetros por encima de las semillas, como para bendecirlas, o bien, poner las semillas en la mano izquierda y aplicar el Reiki con la derecha, manteniéndola siempre un poco más arriba.

EL REIKI Y LOS ALIMENTOS

El Reiki puede ser utilizado para transmitir energía positiva a los objetos cotidianos (una habitación por ejemplo). Transmitirlo a un objeto antes de ofrecerlo es una forma de desear ventura a su destinatario. Por ejemplo, los alimentos son más sanos si se les transmite Reiki: se combaten los efectos nocivos, y se neutraliza la radioactividad y la posible presencia de sustancias contaminantes.

Existen tres formas de transmitir energía vital a los vegetales por medio del Reiki: a sus semillas, a sus macetas o a sus hojas.

El Reiki ayuda a que las plantas crezcan con mayor resistencia.

61

REIKI Y ESTRÉS

Un adecuado tratamiento con Reiki potencia la creatividad en el trabajo.

El estrés suele ser, hoy en día, una de las causas más frecuentes de consulta en clínicas y hospitales. En los últimos años ha cobrado una inusitada importancia como factor de riesgo en numerosas enfermedades.

El Reiki puede ayudar a reducirlo, puesto que es un sistema práctico y eficaz para tratar tanto sus efectos como sus causas. En principio, alivia los síntomas a corto plazo y aporta una sensación de paz y tranquilidad. Además, atenúa las sensaciones de ansiedad, agresión y depresión que caracterizan a esta afección.

Las sesiones anti estrés se caracterizan por su extrema tranquilidad. Generalmente son con el paciente acostado sobre una camilla escuchando música relajante por un período prolongado de tiempo.

El terapeuta posa suavemente sus manos sobre el cuerpo de la persona, empezando por la cabeza y terminando por los pies. Muchas personas se relajan tanto que pueden quedar profundamente dormidas. Con el paso del tiempo esa sensación de paz y tranquilidad después de la sesión, dura más y más hasta convertirse en el estado de ánimo permanente de la persona. El Reiki crea un nuevo punto de vista para ver y entender las situaciones. Al poco tiempo de empezar un tratamiento, se comienzan a ver las causas del estrés desde otro punto de vista.

El campo de aplicación terapéutico del Reiki es muy amplio, debido a sus características sanadoras de desbloqueo y equilibrio de los chakras y la armonización entre los planos físico, emocional, mental y espiritual de la persona.

El tratamiento con Reiki disminuye los efectos producidos por el desgaste visual que provoca un largo período de exposición al monitor de la computadora.

REIKI EN EL ÁMBITO LABORAL

El Reiki también puede producir un beneficio real, rápido y concreto en el ámbito de trabajo, donde la mayoría de las personas pasan muchas horas por día. La incorporación de este sistema no requiere de ningún cambio en el desarrollo de la vida cotidiana; sólo se suma a ella con la única intención de mejorarla.

La conjunción de fuerzas que produce un tratamiento de Reiki genera de forma inmediata, en quienes se inician en el sistema, una corriente o flujo permanente de energía armonizadora en todos los órdenes de su vida.

Esto produce un bienestar real en el cuerpo, alineando las energías mentales y emocionales que son, en su mayoría, las causantes del estrés y demás patologías, que pueden favorecer el surgimiento de dolencias físicas y problemas laborales.

Específicamente, el tratamiento con Reiki se puede utilizar para neutralizar situaciones de estrés, tensiones, dolor de cabeza o migrañas, cansancio de la vista, dolores musculares, fatiga y todas las demás situaciones molestas que son producidas por las exigencias del trabajo diario.

De este modo, son varias las áreas que se benefician y potencian con el Reiki: la creatividad, la energía mental positiva, la resistencia física, la amplificación de los sentidos, la capacidad de producir más y mejor, la comunicación en todos los niveles, la sociabilidad del equipo, la visión de metas comunes. Se potencia, además, el liderazgo y la confianza en uno mismo y en su equipo, se manifiesta en forma clara y concreta

La terapia Reiki genera un compromiso mayor con las tareas laborales.

 IMPORTANTE...

En el caso concreto del estrés laboral, la aplicación de Reiki suele propiciar resultados rápidos y efectivos.
En algunas ocasiones una sola sesión puede aliviar considerablemente la ansiedad y el nerviosismo que sufre la persona.

El Reiki fomenta la armonía y la cooperación en los grupos de trabajo.

✳ ENSEÑANZA

A nivel empresarial, el Reiki ayuda en forma clara y concreta a bajar la ansiedad, y a reducir el consumo de sustancias nocivas para el organismo, como tabaco, alcohol y tranquilizantes. Esto genera un notable mejoramiento del aspecto físico interno y externo. Además produce un cambio que en muchos casos repercute directamente en la imagen global de la empresa.

Además, el Reiki cuenta con elementos auxiliares de la terapia que estimulan la agilidad de la memoria y contrarrestan la falta de concentración (ver Dossier). En definitiva, el Reiki ayuda en forma clara y concreta a bajar las ansiedades. De este modo, disminuye también el consumo de sustancias nocivas para el organismo: tabaco, alcohol o tranquilizantes, entre otros.

Se produce, además, una depuración de las sustancias nocivas acumuladas en el organismo. Se promueve la actividad física desde una perspectiva propia, desde el placer de reconocer el cuerpo y brindarle lo que necesita para estar bien. Se genera un bienestar en todos los aspectos funcionales del organismo, mejorando la digestión y los procesos naturales en forma armónica y continua. En síntesis: ***mejora la calidad de vida, en todos los órdenes.***

el respeto mutuo y personal, se abre la mente a nuevas y diferentes posibilidades de ver un problema o implementar una solución.

Es sabido que trabajar en buenas condiciones tanto físicas como espirituales es la manera más rendidora, la que nos vuelve más eficientes. Y es en ese sentido, justamente, que el Reiki se propone como terapia ideal para alcanzar tal estado. La serenidad y la relajación a la que induce el tratamiento con esta técnica es el modo en que mejor se desenvuelven las relaciones humanas.

La aplicación de Reiki contribuye a expandir la creatividad y la imaginación en las tareas laborales.

CONSEJOS ÚTILES

APORTES AL TRATAMIENTO

Existen diferentes elementos que pueden ayudar a que el tratamiento curativo propuesto por el Reiki sea más efectivo. Distintos tipos de aceites, cremas y preparaciones contribuyen a un mejor aprovechamiento de las sesiones.

Para los tratamientos de Reiki pueden utilizarse distintas cremas o aceites aromáticos, que varían según cada chakra. Se trata, en todos los casos, de elementos auxiliares a los que puede recurrir el reikista, según lo considere pertinente. Aquí damos algunos consejos para tener en cuenta a la hora de prepararlos.

Las cremas o aceites destinados a tratar el chakra de raíz deben ser elaborados con una fórmula que tome en consideración el color afín a ese punto energético (en este caso, el verde). Por eso, la base de la fórmula es el aceite esencial de menta. Las fórmulas varían según el síntoma que se pretenda aliviar.

La solución de base para vaporizar en el contorno del cuerpo del paciente se elabora con vinagre y alcohol, a los que se suma la crema de base, con una proporción de crema de jojoba que se indicará en cada caso particular. Las fórmulas de aromas, en tanto, se utilizan durante las cuatro sesiones que dura el tratamiento.

Una vez finalizado el tratamiento el paciente debe continuarlos en su casa, con un masaje diario después del baño.

Los aceites utilizados en el tratamiento de los chakras deben corresponderse con el color asociado a ese centro energético.

Los preparados que se utilizan para la terapia con Reiki varían según el síntoma que se pretende aliviar.

65

Recuerde que los aceites esenciales deben ser conservados en lugares oscuros y húmedos.

Las esencias brindan una sensación de bienestar al entrar en contacto con la superficie de la piel.

Por ejemplo, para contrarrestar distintos tipos de **alergias** vinculadas con el chakra de raíz, se puede emplear la siguiente fórmula: 30 cm³ de solución, a los que hay que agregar 30 gotas de aceite esencial de menta, 10 gotas de aceite de rosa y 10 gotas de aceite esencial de canela.

Para **problemas intestinales**, agregar sobre 30 cm³ de solución 30 gotas de aceite esencial de menta, 10 gotas de aceite esencial de tilo, 10 gotas de aceite esencial de manzanilla y 10 gotas de aceite esencial de sándalo.

Para el **tratamiento del chakra sexual**, es preciso emplear como referencia el color rojo, por ello se utilizará la rosa para preparar la solución de base de todas las fórmulas.

Para **dolores musculares vinculados con el chakra sexual**, es recomendable la fórmula que mezcla, en 30 cm³ de solución, 20 gotas de aceite esencial de menta, 10 gotas de aceite esencial de lavanda, 5 gotas de aceite esencial de geranio y 10 gotas de aceite esencial de bergamota.

Si se trata de **dolores menstruales**, mezclar sobre 30 cm³ de solución, 30 gotas de aceite esencial de pino y 20 gotas de aceite ilang-ilang. Para contrarrestar la falta de deseo sexual, disolver en 30 cm³ de solución 25 gotas de aceite esencial de ilang-ilang, 15 gotas de aceite esencial de rosa y 15 gotas de aceite esencial de pino.

Las velas aromáticas y las esencias naturales generan un ambiente de tranquilidad y armonía.

IMPORTANTE...

Los aceites y las esencias funcionan en diversos planos. En principio, ejercen un marcado efecto por medio del sentido del olfato (cuyos nervios son las únicas vías sensoriales que llegan directamente al cerebro) y el sistema límbico. Asimismo, este sistema controla gran parte de las respuestas inmunitarias e influye notablemente en el sistema nervioso. Una gran variedad de aromas posee la propiedad de abrirse paso directamente hasta las emociones y funcionar en un plano subconsciente para modificar desequilibrios emocionales. La inhalación de ciertos aceites esenciales posibilita el mejoramiento del equilibrio emocional a través de su acción estimulante y energizante.

Las esencias a base de aceite esencial de eucalipto resultan eficaces para el tratamiento del chakra cardíaco.

Respecto del **tratamiento del chakra cardíaco**, una de las esencias más utilizadas, vinculada con el color verde, es el eucalipto. Para que las fórmulas produzcan el resultado deseado, por lo menos deben realizarse cuatro aplicaciones.

En la **atención de la taquicardia**, se recomienda una fórmula realizada sobre la base de 30 cm³ de solución, que incluya 30 gotas de aceite esencial de tilo, 20 gotas de aceite esencial de naranja, 20 gotas de aceite esencial de menta y 15 gotas de aceite esencial de romero.

Para estimular la **circulación de sangre** en las piernas, es aconsejable una fórmula hecha a base de 30 cm³ de solución, que incluya 30 gotas de aceite esencial de milenrama y 25 gotas de aceite esencial de salvia, que provoca un rápido efecto.

Si se quiere tratar el **chakra de garganta**, identificado con el tono azul, hay que recurrir a la esencia de lavanda.

En los casos de **alergias respiratorias o asma**, la fórmula consiste en mezclar los siguientes aceites esenciales en 30 cm³ de solución: 30 gotas de pino, 20 gotas de canela, 20 gotas de menta y 10 gotas de naranja.

 ENSEÑANZA

Para tratar afecciones relacionadas con el chakra del plexo solar, se emplea una solución preparada con aceite esencial de cáscaras de naranja en la fórmula de base.

Los problemas de fobia o pánico se tratan con una solución hecha a base de aceite esencial de pino.

ⓘ IMPORTANTE...

El olfato es un sentido del que se tiene bastante poco registro. En general las sociedades occidentales modernas poseen un estimulado entrenamiento visual y esto provoca un desmedro de otros sentidos. Sin embargo, los aromas están estrechamente vinculados con los distintos registros de la energía humana y tanto es así que a veces con sólo aromatizar adecuadamente el lugar de trabajo, la sesión de Reiki resulta un éxito.

Si se desea **aliviar la tos o las afecciones bronquiales**, se recomienda una fórmula hecha a base de 30 cm³ de solución que incluya: 25 gotas de aceite esencial de menta, 25 gotas de aceite esencial de ciprés, 20 gotas de aceite esencial de pino y 10 gotas de aceite esencial de tomillo.

La estimulación combinada de una terapia con Reiki y aceites esenciales evita posibles picos de estrés.

Se puede **tratar la cistitis** a través de una solución de 30 cm³ que contenga: 30 gotas de aceite esencial de lavanda, 20 gotas de aceite esencial de pino y 15 gotas de aceite esencial de rosa.

Si se quiere atender **problemas hepáticos**, se puede hacer una solución de 30 cm³ que tenga 30 gotas de aceite esencial de menta, 20 gotas de aceite esencial de manzanilla y 10 gotas de aceite esencial de tilo.

Los **problemas de fobia o pánico** pueden ser aliviados con una solución que contenga: 25 gotas de aceite esencial de vainilla, 25 gotas de aceite esencial de pino y 10 gotas de aceite esencial de tilo.

Para el tratamiento del **chakra de la fuente o del tercer ojo**, la solución de base está identificada con el color violeta, y consiste en pétalos de flor de clavel de color rojo.

Frente a **problemas de estrés** o de agotamiento extremo, se recomienda mezclar una solución de 30 cm³ que contenga los siguientes aceites: 30 gotas de aceite esencial de naranja, 20 gotas de aceite esencial de pino y 20 gotas de aceite esencial de limón.

Para **casos de anorexia o bulimia**, en cambio, se deberá hacer una solución de 30 cm³, que incluya 30 gotas de aceite esencial de manzana, 20 gotas de aceite esencial de romero y 15 gotas de aceite esencial de limón.

Para **combatir el tabaquismo** se hará una solución de 30 cm³ con 20 gotas de aceite esencial de naranja, 25 gotas de aceite esencial de enebro, 30 gotas de aceite esencial de tomillo y 20 gotas de aceite esencial de pino.

Para **tratar las adicciones** se deberá realizar una solución de 30 cm³ que contenga 30 gotas de aceite esencial de tilo, 30 gotas de aceite esencial de naranja, 30 gotas de aceite esencial de pomelo y 20 gotas de aceite esencial de canela.

En **casos de neurosis** (entendida en el sentido más amplio del término, como aquellos trastornos mentales que no tienen un origen orgánico aparente) o de angustia, se prepara una solución de 30 cm³ en la que no deberán faltar: 10 gotas de aceite esencial de pino, 15 gotas de aceite esencial de salvia y 15 gotas de aceite esencial de jazmín.

Para **aliviar dolores de cabeza**, migrañas o tensión, la solución deberá constar de 30 gotas de aceite esencial de enebro, 25 gotas de aceite esencial de menta, 15 gotas de aceite esencial de naranja y 10 gotas de aceite esencial de jazmín.

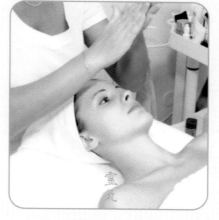

Generalmente se recomienda que la aplicación de cremas y aceites se haga antes de comenzar la sesión de Reiki.

La utilización de aceites esenciales para la curación tiene una tradición milenaria. Por ejemplo, en la Antigüedad se utilizaban para ofrendar a los dioses.

Si el tratamiento es **contra la depresión**, la solución de 30 cm³, deberá incluir 30 gotas de aceite esencial de pino, 20 gotas de aceite esencial de lavanda, 20 gotas de aceite esencial de vainilla y 15 gotas de aceite esencial de manzana.

Para los **trastornos del sueño**, se recomienda realizar una solución de 30 cm³ con 30 gotas de aceite esencial de menta, 30 gotas de aceite esencial de lavanda, 15 gotas de aceite esencial de jazmín y 30 gotas de aceite esencial de tilo.

(✱) ENSEÑANZA

Los aceites esenciales se han usado desde la Antigüedad para el tratamiento de enfermedades, fabricación de productos de belleza, en los ritos de adoración de dioses, y en los procesos de momificación. Cuando se mezclan unos con otros también se suman sus beneficios.

UN BUEN COMPLEMENTO: LOS CRISTALES

Los cristales más usados para transmitir energía Reiki son: el cristal de roca, el cuarzo rosa y la amatista.

Los cristales pueden ser un excelente complemento para el tratamiento y la armonización de la energía vital, ya que poseen una compleja estructura interna dotada de gran afinidad con las vibraciones electromagnéticas humanas y del entorno. Gracias a su perfecta estructura molecular, emiten vibraciones continuas y equilibradas.

Precisamente por eso pueden ser utilizados para restaurar las frecuencias saludables de los órganos y los sistemas energéticos afectados.

Generalmente se hallan rodeados de un campo electromagnético, mientras que su campo energético posee la cualidad de armonizar los centros de energía desequilibrados con los que entra en contacto. Además de su belleza, poseen la ventaja de presentar una gran variedad de formas, colores y transparencias. Los que se utilizan con más frecuencia son los cuarzos, debido a la calidad y potencia de su campo vibratorio.

LA HIGIENE

Es muy fácil limpiar y cargar los cristales que se utilizan en la terapia. El cuidado de los mismos se lleva a cabo colocando el cristal bajo un chorro de agua y poniendo la intención de que se limpie por completo de energías externas.

En cambio, la carga de energía se logra exponiendo el cristal durante un período prudente a los rayos del sol.

Sin embargo, el sistema Reiki posee características propias que no exigen ser tan estrictos en cuanto a su cuidado. Cuando se los coloca bajo la palma de la mano en el momento en que estamos canalizando energía universal, quedan automáticamente recargados de Reiki y, mientras mantengamos la transmisión, es improbable que se contaminen.

Cuando se lleva a cabo una sesión, los cristales (sobre todo los cuarzos blancos) estimulan la salida de energía a través de los chakras.

ADVERTENCIAS Y CONTRAINDICACIONES

El Reiki es un complemento para cualquier tipo de tratamiento, pero siempre debe consultarse primero al especialista correspondiente. Esto se recomienda porque la técnica, por más inocua que sea, nunca puede reemplazar a las terapias de la medicina alopática.

Por ejemplo, una persona enferma de cáncer puede hacer un tratamiento de Reiki para aliviar dolores físicos y para sentirse bien espiritualmente, pero no por ello debe interrumpir el tratamiento que le prescribió su médico oncólogo.

ⓘ IMPORTANTE...

La terapia Reiki es holística. Es decir que trabaja en todos los niveles (psicológico, físico y espiritual) a la vez y no por separado.
El resultado de este tipo de práctica se centra sobre las causas y no solamente sobre los síntomas de la enfermedad (puesto que la considera un proceso). Muchas veces en el transcurso del tratamiento pueden surgir algunos síntomas que se denominan crisis de curación.
Estas son las formas en las que el cuerpo realiza un proceso natural de limpieza.

La llamada crisis de curación, período en el que se experimentan ciertas molestias, se produce cuando el cuerpo descarga las toxinas.

La mayoría de las veces, quienes practiquen Reiki se sentirán relajados y aliviados en sus dolencias.

Sin embargo, puede ocurrir que alguien tenga lo que se conoce con el nombre de **"crisis de curación"**.

Cuando las vibraciones de una persona aumentan, las toxinas que fueron almacenadas en el cuerpo son liberadas a la sangre para ser filtradas por el hígado y los riñones y, finalmente, removidas del cuerpo.

Si esto sucede, la persona puede experimentar un dolor de cabeza o de estómago o incluso puede sentirse débil. En estos casos se recomienda tomar mucha agua, comer comidas livianas y descansar.

靈
気

Nunca debe aplicarse Reiki si no se conoce la técnica.

El cuerpo registra de esa manera esta parte del proceso de curación, por lo que estos síntomas, aunque molestos, son una buena señal. Tanto la Organización Mundial de la Salud (OMS) como la Organización Panamericana de la Salud reconocen al Reiki entre las "prácticas multidisciplinarias de salud" y lo recomiendan como "enfoque multidisciplinario en el manejo del dolor".

No obstante, es preciso tener en cuenta las siguientes indicaciones:

- Nunca autoaplicarse Reiki o aplicarlo a terceros sin conocimiento de la técnica. Si bien no se trata de una técnica compleja, es indispensable estar bien preparado para utilizarla.

- La consulta de materiales escritos, como textos o folletos, sólo es orientativa en este sentido. Nunca un libro o folleto reemplaza a un curso práctico de Reiki.

 ENSEÑANZA

En algunas personas pueden aparecer, como consecuencia del proceso de curación, algunos síntomas de depresión (sobre todo después de una iniciación). Frente a estos casos, es importante señalar que estos trastornos ya se encontraban en la persona y la energía Reiki sólo ha servido para ponerlos al descubierto y poder encararlos con mayor firmeza.

- De la misma manera, se aconseja elegir a la persona que va a aplicar sesiones Reiki según la confianza depositada en ella.

- Si un instituto no ofrece seguridad o no resulta confiable, es preferible seguir buscando hasta encontrar el lugar indicado. Lo mismo vale para aquellos reikistas que hacen tratamientos de modo particular.

- Nunca se debe reemplazar un tratamiento médico de bases científicas, prescripto por un doctor en Medicina, por sesiones de Reiki. La técnica del doctor Usui sólo es un complemento.

- El Reiki puede aplicarse a deportistas como método de relajación muscular. Es especialmente afín a las artes marciales, probablemente porque comparte un mismo horizonte cultural en términos geográficos y, en algunos casos, históricos.

CONCLUSIONES

En la actualidad asistimos a una gran expansión en el campo de la medicina occidental: nuevos métodos y prácticas se suman a los ya tradicionales y ayudan a complementar con éxito la labor terapéutica.

Este novedoso panorama es un signo innegable de la gran apertura de Occidente hacia otro tipo de prácticas que ayudan y complementan a los tradicionales tratamientos médicos. Sin embargo, es preciso remarcar que, en algunos casos, esta tendencia ha propiciado modas y especulaciones desfavorables que generaron desconfianza y confusión.

El Reiki comparte pocos puntos con la mayoría de las modas de los últimos años.

Su forma actual fue establecida a fines del siglo pasado y se pueden revisar sus raíces en ciertos sutras budistas (escritos que recogen la enseñanza oral de Buda), que datan aproximadamente del siglo V antes de Jesucristo.

Practicarlo significa aprender a ser un canal; a dejar circular la energía Ki (la Fuerza Vital y necesaria que todos los seres poseen) por todo el organismo. Si se logra ese estado, se habrá consolidado un importante proceso de curación y maduración.

No obstante, debe recordarse que cualquier tratamiento que se elija (ya sea tradicional o alternativo) siempre se trata de un medio y no de un fin. Nunca hay que confundir la ruta con su destino. De otro modo se corre el innecesario riesgo de perderse en un infinito laberinto de reglas y nombres. En todo caso, la elección debe nacer de un mismo deseo: el de estar sano y en armonía con el entorno. Generalmente, las mayores dificultades que se relacionan con el Reiki están ligadas a la voluntad de autoafirmación y a la conexión con el Universo.

En la actualidad el Reiki es enseñado en el mundo entero con respeto y seriedad por maestros consagrados exclusivamente a la disciplina.

El Reiki es una de las nuevas herramientas para la curación con las que cuenta la medicina occidental.

En este sentido sus principios son muy simples pues conciernen antes al corazón que al espíritu (ya que carece de reglas duras o complejas de comprender). Lo único que exige es estar dispuesto a usar con responsabilidad ese flujo de energía que circula después de la apertura de los canales energéticos.

Otra de sus principales características (y quizás la más llamativa) consiste en que el Reiki enfoca todo su potencial terapéutico sobre los procesos mentales. Se sabe que las preocupaciones, la depresión, el estrés y la ansiedad (también muy abundantes en la actualidad) tienen una repercusión inmediata sobre la salud.

Gracias a esta particularidad, se han podido prevenir muchas enfermedades generadas por la excesiva presión de factores psíquicos y emocionales.

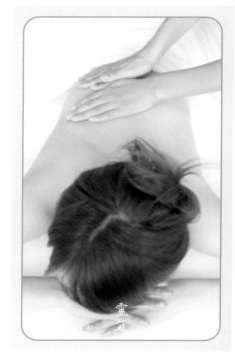

Por último, sólo basta aclarar que la intención de este texto es acercar al lector un somero repaso de algunos de los conceptos principales del Reiki. Sin embargo, estas páginas son sólo el inicio de un largo camino que se deberá recorrer de la mano de un maestro avanzado y experimentado en la disciplina. Nunca debe ser practicado y ejercido teniendo en cuenta únicamente la reseña que aquí se esboza, a modo de pequeña guía para conocer y difundir algunas de sus múltiples posibilidades.

En definitiva, el Reiki es una de las herramientas nuevas con las que puede contar Occidente para afrontar una existencia cada vez más alejada del ritmo natural de la vida.

DOSSIER
TISANAS AUXILIARES

TISANAS AUXILIARES

LAS PREPARACIONES PARA CADA CHAKRA

Las tisanas son preparaciones que complementan el tratamiento de los chakras a través del Reiki. Sus propiedades resultan de gran ayuda en la terapia porque propician un mejor manejo de la energía y un adecuado proceso de curación.

Las tisanas auxiliares son brebajes preparados con hierbas que ayudan al tratamiento Reiki. Como en el caso de otros elementos auxiliares que también se utilizan en esta técnica —las piedras o minerales, los aceites aromáticos y las cremas— a cada chakra corresponden tisanas específicas.

El objetivo del empleo de tales infusiones es, en todos los casos, aliviar los síntomas de malestar que presente el paciente. Cualquier líquido que ingresa en el cuerpo humano atraviesa un proceso de asimilación que tiene lugar en los riñones, y llega por la sangre a todo el cuerpo. Las hierbas que se utilizan en Reiki son compatibles con otros tratamientos, y no tienen ningún tipo de contraindicación.

La preparación de tisanas posee una receta general, que el interesado debe seguir paso por paso, con los ingredientes específicos necesarios para cada caso particular.

Las instrucciones generales son las siguientes:

- Mezclar las hierbas prescriptas, en las cantidades indicadas, en un recipiente.
- Tapar el recipiente y guardarlo en un lugar seco y a temperatura ambiente (salvo expresa indicación contraria).

Las tisanas son infusiones preparadas con hierbas medicinales que ayudan a mejorar la armonización con el entorno.

La palabra chakra, que se utiliza para denominar a los centros de energía vital del cuerpo, proviene del idioma sánscrito y significa "rueda".

 ENSEÑANZA

Con el propósito de que el paciente pueda apreciar los beneficios de las tisanas auxiliares, se recomienda su utilización al menos durante treinta días seguidos, ya que estos líquidos precisan acumularse en el organismo para actuar con eficacia.

- Por cada litro de agua (preferentemente mineral), colocar la cantidad de cucharadas soperas de la mezcla de hierbas que en cada caso se indique.
- Hervir la preparación durante dos minutos.
- Dejar reposar durante diez minutos.
- Colar.
- Beber a temperatura ambiente.

TISANAS AUXILIARES PARA EL CHAKRA RAÍZ

Para tratar calambres y cólicos

Ingredientes: 100 gramos de cola de caballo, 50 gramos de planta de fumaria, 50 gramos de hojas de mejorana y 50 gramos de raíz de bardana.
Proporción: cinco cucharadas soperas por litro de agua.

Para tratar dolores intensos

Ingredientes: 50 gramos de hojas de abedul, 50 gramos de planta de fumaria, 50 gramos de hojas de grosellero negro, 50 gramos de planta de borraja, 50 gramos de planta de parietaria y 25 gramos de brote de abeto.
Proporción: cinco cucharadas soperas por litro de agua.

I IMPORTANTE...

El *chakra raíz* está relacionado con la cantidad de energía física que se posee y con el deseo de vivir en la realidad física. Se lo denomina además *centro coccígeno* y actúa como una bomba de fuerza en el nivel etérico (el nivel de energía que posee todo ser humano). Ayuda a encauzar el flujo energético hacia arriba por la columna vertebral. También se lo llama el chakra de la pulsión de la vida o de la energía primaria y, como es fundamental que funcione adecuadamente para que una persona esté sana y contenta, se lo designa también *chakra base*. Este centro suministra la energía que necesitan los restantes chakras para establecer contacto con el entorno.

Para tratar espasmos musculares

Ingredientes: 50 gramos de hojas de mejorana, 50 gramos de hojas de parra, 50 gramos de planta ulmaria, 50 gramos de bayas de enebro, 50 gramos de flor de lavanda y 50 gramos de raíz de regaliz.
Proporción: cuatro cucharadas soperas por litro de agua.

Para tratar inflamaciones e infecciones

Ingredientes: 50 gramos de flor de saúco, 50 gramos de planta de hiedra terrestre, 50 gramos de planta de cola de caballo, 25 gramos de flor de ulmaria, 25 gramos de flor de naranjo, 25 gramos de flor de manzanilla, 25 gramos de hojas de menta y miel a gusto.
Proporción: dos cucharadas soperas por litro de agua.

Para tratar hemorroides

Ingredientes: 50 gramos de raíz de regaliz, 50 gramos de flor de malva, 50 gramos de raíz de malvavisco, 50 gramos de hojas de parra, 50 gramos de planta de mil hojas y 50 gramos de planta de cola de caballo.
Proporción: cinco cucharadas soperas por litro de agua.

TISANAS AUXILIARES PARA EL CHAKRA SEXUAL

Para tratar amenorrea

Ingredientes: 50 gramos de hojas de milenrama, 50 gramos de hojas

IMPORTANTE...

El chakra sexual es la sede de la energía sexual; se encuentra ligeramente por debajo del ombligo, al nivel del sacro. Dado que la libido es una de las primeras fuerzas que inducen al desarrollo de la personalidad, este chakra rige las manifestaciones del ego y la personalidad.

de mejorana, 50 gramos de planta de ortiga blanca, 50 gramos de hojas de salvia, 50 gramos de piña de lúpulo y 50 gramos de flor de naranjo.
Proporción: cuatro cucharadas soperas por litro de agua.

Para tratar angustia

Ingredientes: 50 gramos de flor de lavanda, 50 gramos de capullo de naranjo amargo, 50 gramos de hojas de romero, 50 gramos de flor de naranjo, 50 gramos de planta de ortiga, y 25 gramos de hojas de mejorana.
Proporción: cuatro cucharadas soperas por litro de agua.

Para tratar apatía sexual

Ingredientes: 50 gramos de hojas de salvia, 50 gramos de menta peperina, 50 gramos de romero, 25 gramos de clavos de olor, 25 gramos de tomillo y dos vainas de vainilla.
Proporción: cinco cucharadas soperas por litro de agua.

Las tisanas complementan y amplifican los beneficios del tratamiento con Reiki.

Un adecuado tratamiento del chakra sexual con tisanas ayuda a que el organismo tenga las defensas altas.

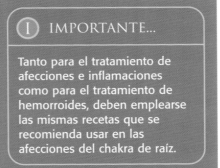

① IMPORTANTE...

Tanto para el tratamiento de afecciones e inflamaciones como para el tratamiento de hemorroides, deben emplearse las mismas recetas que se recomienda usar en las afecciones del chakra de raíz.

Para tratar calambres y cólicos

Ingredientes: 100 gramos de cola de caballo, 50 gramos de hojas de mejorana, 50 gramos de raíz de bardana y 50 gramos de planta de fumaria.
Proporción: cinco cucharadas soperas por litro de agua.

Las plantas que se destinan para la preparación de tisanas deben ser acondicionadas con los utensilios adecuados.

Para tratar dolores intensos

Ingredientes: 50 gramos de planta de fumaria, 50 gramos de hojas de grosellero negro, 50 gramos de hojas de abedul, 50 gramos de planta de parietaria, 50 gramos de planta de borraja y 25 gramos de brote de abeto.
Proporción: cinco cucharadas soperas por litro de agua.

Para tratar espasmos musculares

Ingredientes: 50 gramos de hojas de parra, 50 gramos de planta de ulmaria, 50 gramos de hojas de mejorana, 50 gramos de flor de lavanda, 50 gramos de raíz de regaliz y 50 gramos de bayas de enebro.
Proporción: cuatro cucharadas soperas por litro de agua.

Para tratar intolerancia

Ingredientes: 50 gramos de capullos de naranjo amargo, 50 gramos de semillas de hinojo, 50 gramos de bayas de rosa mosqueta, 50 gramos de planta de mejorana y hojas de tomillo.
Proporción: cinco cucharadas soperas por litro de agua.

TISANAS AUXILIARES PARA EL CHAKRA CARDÍACO

Para tratar dolor del nervio ciático I

Ingredientes: 50 gramos de flor de manzanilla, 50 gramos de hojas de tomillo, 25 gramos de flor de saúco y 25 gramos de hojas de mejorana.
Proporción: seis cucharadas soperas por litro de agua.

Para tratar taquicardia, palpitaciones y disfunciones cardíacas (I)

Ingredientes: 100 gramos de naranjo amargo, 50 gramos de hojas de albahaca y 50 gramos de hojas de menta.
Proporción: seis cucharadas soperas por litro de agua.

Para tratar várices y congestiones arteriales (I)

Ingredientes: 100 gramos de planta milenrama, 50 gramos de planta ortiga, 50 gramos de hojas de parra, 50 gramos de fumaria y 50 gramos de pensamiento salvaje.
Proporción: cinco cucharadas soperas por litro de agua.

El chakra del tercer ojo es el que se relaciona con la intuición.

Es importante que las hierbas utilizadas para las tisanas sean lo más frescas posible.

✳ OTRAS VARIANTES PARA EL TRATAMIENTO DE

Dolor del nervio ciático y flebitis II
Ingredientes: 100 gramos de hojas de grosellero negro, 100 gramos de planta de borraja, 50 gramos de bayas de enebro y 50 gramos de hojas de abedul.
Proporción: seis cucharadas soperas por litro de agua.

Taquicardia, palpitaciones y disfunciones cardíacas II
Ingredientes: 100 gramos de retama, 50 gramos de menta, 50 gramos de graciola y 50 gramos de milhojas.
Proporción: cinco cucharadas soperas por litro de agua.

Várices y congestiones arteriales y flebitis II
Ingredientes: 50 gramos de hojas de grosellero negro, 50 gramos de hojas de tomillo, 50 gramos de hojas de romero, 50 gramos de malva y 50 gramos de hojas de olivo.
Proporción: cinco cucharadas soperas por litro de agua.

Várices y congestiones arteriales III
Ingredientes: 100 gramos de hoja de parra, 100 gramos de hojas de salvia, 50 gramos de hojas de romero y 50 gramos de llantén.
Proporción: cinco cucharadas soperas por litro de agua.

La melisa es empleada como sedante en el tratamiento de enfermedades nerviosas.

Las tisanas simples se realizan con un solo tipo de hierba, mientras que las compuestas utilizan diferentes variedades.

TISANAS AUXILIARES PARA EL CHAKRA DE GARGANTA

Para tratar acné y erupciones

Ingredientes: 100 gramos de hojas de abedul, 50 gramos de pensamiento salvaje y 50 gramos de ortiga blanca.
Proporción: cinco cucharadas soperas por litro de agua.

Para tratar asma (I)

Ingredientes: 50 gramos de hojas de eucaliptus, 50 gramos de hojas de tomillo, 25 gramos de hojas de menta dulce y 25 gramos de hojas de melisa.
Proporción: cuatro cucharadas soperas por litro de agua.

Para tratar asma (II)

Ingredientes: 100 gramos de flor de lavanda, 100 gramos de planta de hisopo, 100 gramos de hojas de mejorana, 50 gramos de cáscara de limón y 50 gramos de hojas de eucaliptus.
Proporción: cuatro cucharadas soperas por litro de agua.

Para tratar asma (III)

Ingredientes: 50 gramos de hojas de tomillo, 50 gramos de hojas de malva, 50 gramos de hojas de ajedrea y 50 gramos de hojas de salvia.
Proporción: cuatro cucharadas soperas por litro de agua.

Para tratar asma (IV)

Ingredientes: 100 gramos de planta de abedul, 50 gramos de planta de hinojo y 50 gramos de flor de lavanda.
Proporción: cuatro cucharadas soperas por litro de agua.

Las infusiones representan el método más empleado para extraer las propiedades curativas de una planta.

Para tratar bronquitis

Ingredientes: 50 gramos de bayas de enebro, 50 gramos de planta de borraja, 50 gramos de bayas de rosa mosqueta, 50 gramos de planta de hisopo y 50 gramos de hojas de menta.
Proporción: cinco cucharadas soperas por litro de agua.

Para tratar insomnio

Ingredientes: 50 gramos de naranjo amargo, 50 gramos de espino blanco, 50 gramos de romero y 50 gramos de meliloto.
Proporción: cinco cucharadas soperas por litro de agua.

Para tratar laringitis

Ingredientes: 50 gramos de hojas de menta, 50 gramos de hojas de verbena, 50 gramos de hojas de alcaucil y 50 gramos de canela.
Proporción: tres cucharadas soperas por litro de agua.

Para tratar quemaduras

Ingredientes: 50 gramos de hojas de saúco, 50 gramos de manzanilla, 50 gramos de hojas de fresno y 50 gramos de malva.
Proporción: tres cucharadas soperas por litro de agua.

Para tratar resfrío y congestión (I)

Ingredientes: 50 gramos de hojas de albahaca, 50 gramos de hojas de mejorana, 50 gramos de capullo de rosa y 25 gramos de semillas de anís verde.

Proporción: cinco cucharadas soperas por litro de agua.

Para tratar resfrío y congestión (II)

Ingredientes: 50 gramos de hojas de tomillo, 50 gramos de planta de borraja, 50 gramos de bayas de rosa mosqueta y 50 gramos de planta de ulmaria.
Proporción: cinco cucharadas soperas por litro de agua.

La albahaca posee propiedades digestivas que alivian los casos de gastritis o hernia de hiato.

(I) IMPORTANTE...

El chakra de la garganta rige la autoexpresión, esto es, el modo de hablar, la mímica y la gesticulación. Constituye el punto de intersección entre los mundos internos y externos.

TISANAS AUXILIARES PARA EL CHAKRA DE PLEXO SOLAR

Para tratar cálculos renales

Ingredientes: 100 gramos de hojas de abedul, 100 gramos de planta de hisopo, 100 gramos de

霊
気

La ortiga posee propiedades que ayudan a regular el sistema urinario.

① IMPORTANTE...

El chakra solar es el centro en donde se concentra la individualidad. La expresión "yo quiero, yo soy" es la que mejor lo define. Los trastornos que se producen en él se traducen en ambición de poder, rigidez dogmática, envidia, codicia y posesividad excesiva.

planta de borraja, 50 gramos de anís y 25 gramos de flor de brezo.
Proporción: tres cucharadas soperas por litro de agua.

Para tratar cistitis (I)

Ingredientes: 100 gramos de barba de choclo, 100 gramos de flor de brezo, 100 gramos de flor de malva, 50 gramos de flor de lavanda y 50 gramos de hojas de fresno.
Proporción: cinco cucharadas soperas por litro de agua.

La combinación de distintas hierbas aumenta las propiedades curativas de las tisanas.

Para tratar cistitis (II)

Ingredientes: 100 gramos de eucaliptus, 100 gramos de ortiga blanca, 50 gramos de manzanilla y 50 gramos de grama.
Proporción: cinco cucharadas soperas por litro de agua.

Para tratar contracturas

Ingredientes: 100 gramos de cáscara de limón, 50 gramos de rosa mosqueta, 50 gramos de hojas de saúco, 50 gramos de ulmaria y 50 gramos de hojas de eucaliptus.
Proporción: cinco cucharadas soperas por litro de agua.

Para tratar dolores de estómago

Ingredientes: 100 gramos de flor de manzanilla, 100 gramos de flor de malva, 50 gramos de menta dulce, 50 gramos de flor de ortiga blanca y 50 gramos de flor de naranjo.
Proporción: tres cucharadas soperas por litro de agua.

Para tratar dolor de oídos

Ingredientes: 100 gramos de eucaliptus, 100 gramos de flor de tilo, 100 gramos de hojas de menta y 25 gramos de clavo de olor.
Proporción: cinco cucharadas soperas por litro de agua.

Para tratar problemas hepáticos

Ingredientes: 100 gramos de ulmaria, 100 gramos de alcaucil, 100 gramos de limón y 50 de tomillo.
Proporción: cinco cucharadas soperas por litro de agua.

Las infusiones hechas a base de cítricos alivian los síntomas de la tristeza.

Las tisanas que se preparan con hierbas naturales y productos frescos poseen un efecto curativo inmediato.

Para tratar síntomas de tristeza y falta de voluntad

Ingredientes: 100 gramos de hojas y cáscara de pomelo, 100 gramos de capullos de naranjo, 50 gramos de hojas de salvia, 50 gramos de enebro y 50 gramos de cedro.
Proporción: tres cucharadas soperas por litro de agua.

Para tratar problemas de vesícula

Ingredientes: 50 gramos de hojas de romero, 50 gramos de raíz de cardillo y 50 gramos de hojas de tomillo.
Proporción: cuatro cucharadas soperas por litro de agua.

Para tratar problemas de la vista

Ingredientes: 150 gramos de flor de malva, 150 gramos de hojas de viña roja, 50 gramos de flor de manzanilla, 50 gramos de hojas de hammamelis

y 25 gramos de cáscara de limón.
Proporción: cinco cucharadas soperas por litro de agua.

 ENSEÑANZA

Las infusiones de plantas aromáticas se han empleado a lo largo de los siglos por sus propiedades medicinales. De hecho, la palabra "tisana" procede del griego y significa infusión medicinal. Las tisanas no contienen ni taninos ni cafeína (que se encuentran generalmente en los tés). Muchas de estas mezclas de plantas aromáticas dan bebidas refrescantes que se pueden consumir calientes o frías. Por ejemplo, en los países de Europa del Este la tisana tiene siglos de tradición.

Las tisanas ayudan a combatir la ansiedad, el dolor de cabeza y la depresión.

Algunos efectos de las infusiones son inmediatos. Sin embargo no es conveniente abusar de ellas.

TISANAS AUXILIARES PARA EL CHAKRA DEL TERCER OJO

Para tratar trastornos de ansiedad

Ingredientes: 100 gramos de flor de tilo, 50 gramos de hojas de tomillo, 50 gramos de hojas de menta dulce y 50 gramos de hojas de ajedrea.
Proporción: cinco cucharadas soperas por litro de agua.

Para tratar cefalea y migraña (I)

Ingredientes: 100 gramos de flor de tilo, 100 gramos de raíz de rubia, 50 gramos de sauzgatillo y 50 gramos de flor de caléndula.
Proporción: cinco cucharadas soperas por litro de agua.

Para tratar cefalea y migraña (II)

Ingredientes: 100 gramos de flor de lavanda, 100 gramos de planta de llantén, 100 gramos de planta de romero y 50 gramos de flor de manzanilla.
Proporción: cinco cucharadas soperas por litro de agua.

Para tratar conjuntivitis

Ingredientes: 100 gramos de planta de eufrasia, 50 gramos de malva, 50 gramos de raíz de rubia y 50 gramos de hojas de menta.
Proporción: cinco cucharadas soperas por litro de agua.

Para tratar depresión

Ingredientes: 100 gramos de hojas de grosellero negro, 100 gramos de flor de manzanilla, 100 gramos de planta de cola de caballo, 50 gramos de planta de romero y 50 gramos de naranjo amargo.
Proporción: cuatro cucharadas soperas por litro de agua.

 IMPORTANTE...

Para obtener las substancias terapéuticas de algunas plantas, éstas deben ser adecuadamente tratadas. Estas transformaciones, debido a su complejidad, sólo pueden obtenerse en laboratorios. No obstante, existe una gran variedad de tisanas que pueden elaborarse manualmente.

Para tratar la falta de memoria y concentración

Ingredientes: 50 gramos de hojas de fresno, 50 gramos de hojas de fresa, 50 gramos de flor de retama y 50 gramos de sauzgatillo.
Proporción: cinco cucharadas soperas por litro de agua.

TISANAS PARA EL CHAKRA DE LA CORONILLA

Para tratar la impaciencia

Ingredientes: 150 gramos de flor de tilo, 150 gramos de flor de manzanilla, 100 gramos de planta de ulmaria y 50 gramos de planta de enebro.
Proporción: cinco cucharadas soperas por litro de agua.

La infusión a base de agua y hierbas debe taparse y dejar reposar diez minutos.

✱ ENSEÑANZA

Las tisanas que contienen menta aumentan su efecto si se utilizan hojas frescas. La mejor época para recolectarlas es en primavera (cuando están a punto de florecer) y a comienzos del otoño.

Es importante respetar las cantidades exactas que se requieren para la preparación de las tisanas.

Para tratar problemas de introversión y estrés

Ingredientes: 150 gramos de flor de caléndula, 150 gramos de naranjo amargo, 100 gramos de planta de romero, 100 gramos de planta de limón, 50 gramos de flor de tanaceto y 50 gramos de granos de anís.
Proporción: cuatro cucharadas soperas por litro de agua.

Para tratar problemas neurológicos

Ingredientes: 100 gramos de flor de tilo, 100 gramos de granos de centaura, 50 gramos de flor de menta dulce y 5 cucharadas de raíz de cardillo en polvo.
Proporción: cinco cucharadas soperas por litro de agua.

BIBLIOGRAFÍA

Eguchi, Akamu Hui:
Sanarnos con Reiki. Deva's,
Buenos Aires, 2003.

Galzenati, Lilian: *Reiki. Sistema*
Usui para todos. Grillos,
Buenos Aires, 2004.

Lübeck, Walter: Arjava Petter, Frank;
Lee Rand, William: *El espíritu de Reiki:*
un manual completo sobre el
sistema Reiki del Dr. Usui. Uriel,
Buenos Aires, 2001.

Simone, Mónica: *Reiki.* Kier,
Buenos Aires, 2004.

Simone, Mónica y Bertuccio, Jorge:
¿Qué es el Reiki? Kier,
Buenos Aires, 2001.